027

人生はおもしろい

牛込　進
TYK会長

中経マイウェイ新書

筆者近影

目次

人生について

学びのとき

勇気と挑戦のＤＮＡ

人生について

素晴らしい本に出会い「道は開ける」

私は今年（平成二十七年）の八月で満八十歳になります。お蔭様で健康に恵まれ、毎日充実した日々を送っております。大変有難いことだと思っております。

八十歳まで生きますと、人生のあり方について色々勉強することがあります。生まれてから死ぬまでの一人の一生はこうあるべきという理想があります。従って、あの時にこうあるべきとか、この時にこうあるべきということが今になるとよく分かります。これからしばらくの間、そのことに触れてみたいと思います。

若い頃に、人生のあり方を決める素晴らしい本に出会いました。

それはデール・カーネギーの『道は開ける』という本であります。この本は何回も何回も繰り返し読んでおりますが、私の人生の指針となる本であります。人生とは、このような本に出会えるか出会えないかで大きく変わるものであります。

人生というものは、案外自分の思った方向に行くものでありまして、もちろん環境も重要ですが、自分の人生の目的というものを持つことが最も大切なことであります。

この『道は開ける』を読むことによって、私は積極的にものごとを考えるようになりました。それによって思いもかけない色々な人生の展開がありました。不思議なことに、自分が熱望すると、色々な助っ人が、しかも面識のない方が現れてきて、色々な面で援助して頂けるようになりました。

所詮人間はひとりで生きていけるものではありません。社会の中で、人とのお付き合いを通して決まっていくものであります。

一度しかない人生、振り返った時に「自分は有意義な人生を送ることができた」「多少なりとも社会のお役に立つことができた」と言えるような人生を歩みたいものです。

素晴らしい本に出会い「道は開ける」

デール・カーネギー著『道は開ける』

成功者は明るく溌剌としている

当社の社員に絶えず話していることがあります。それはまず、
一、物事を肯定的に受け取る、そしてそれを習慣にするということ。
二、あらゆる努力を惜しまないこと。
三、明確な目的意識を持つこと。
四、自分を信じ、他人の否定的な言葉に惑わされないこと。
五、失敗を恐れないこと。
六、自分には運があると信じること。
最善の努力を積み重ねていけば、必ず運は開けるということであります。
ついでに申し上げますと、その他にも、平凡なことを非凡に遂行していけば、
偉大なことを成し遂げることができます。

楽な道と困難な道があるとすれば、困難な道を選ぶ。

何事も焦らない。手を抜かない。人間のレベルは志で決まる。己を欺かず。

これを天に事《つか》えるという。

それでまず、人生には山あり谷ありですが、人によっては苦しさに耐えかねて途中で引き返す人がいます。

またある人は、目的とする近くまで行くのですが、最後の最後で本当の目的を達成することなく終わる人もいます。

「黄金の山」と言っていますが、この最後の目的を達成することで、人生の道が開けていくものであります。

今迄大変多くの人々とお付き合いさせて頂きました。その中で、私の目から見て成功した人たちには次のような共通点があります。

まず第一に、明るくて溌剌としていること。これが一番重要であります。この明るさは、生まれつきのものもあるかもしれませんが、努力によって培われていくものでもあり、どんな苦しい時においても、たとえ空元気《から》でも、明るい顔をすべきと思っております。

これは次に申し上げます「前向き」「プラス発想」することによっても明るさは得られるものです。

成功者は明るく溌剌としている

二つの道

黄金の山

「人事を尽くし天命を待つ」大切さ

私は、この明るさを持つためのうまい方法を見つけ出しました。それにはまず、全ての事に感謝の念を持つこと。そして、信仰心を持つことであります。信仰心とは、自分が神様に守られていると強く思う心です。

大学の入学式でも話すことがありました。

朝、顔を洗って身なりを整えたら、東に向かって感謝の念を持って頭を下げる。夜寝る時、西へ向かって頭を下げて「有難うございました」と声を出して言う。これを続けることによって、感謝の念が自然に湧いてまいります。

そして、これが大切なことで、格言に「人事を尽くして天命を待つ」というのがありますが、自分は神様に見守っていただいていて、一所懸命に努力すれば必ずいい方向へ導いてくださる。こういう気持ちを持つことにより、誰でも陥る不安や、くよくよすることがなくなっていくものであります。

この格言はすばらしいと思っています。夜寝る前に、全ての事を忘れ、新しい希望に満ちた明日を迎えるべく、安心して就寝することです。

明るいという言葉の中には、溌刺《はつらつ》という意味が含まれます。意欲的に事に当ろうとする気持ちがあれば、自然に溌刺さが出てまいります。毎日そのような気持ちでいると、不思議なもので、明るい毎日を迎えることができます。

暗い顔をした人には、どんなに優秀であっても、人は寄っていかず、孤立した状態になってしまいます。そればかりでなく神様が支えて下さらなくて、疫病神がついてしまいます。

次に言えることは、「正当性のある仕事をすること」であります。人生は誰が何と言おうと、一回しかありません。このたった一回の貴重な人生を有意義なものにするにはどうすればよいか。悪事を働くことによってつまらない人生にしてしまうのは、極めてもったいないことであります。正々堂々と、正しく自分の思った人生を歩むべきであります。

ＴＹＫ本部前にて。砺波商工会議所から頂いたチューリップはまさに花盛りです

責任果たし終わったら報告する

次の共通項目は、「責任感が強いこと」であります。

責任感重かれ、という言葉はよく使われますが、社会で生きていくためには不可欠なことであります。人に頼まれ、任せられたことは何が何でも責任を果たすということが非常に重要であります。彼に任せたら必ずやってくれるとなれば、皆さんから信頼されます。責任を果たさない人には誰も寄っていきません。

また、責任を果たしたあとが大切です。頼んだ人は、その仕事がどのように進められているか気掛かりです。責任を果たし終わったら、依頼人に必ず報告にあがることです。

もちろん自分の力では及ばないことがあって、責任を果たせないことがあるかもしれません。その時には頼まれた人に、これこれこういう理由でなかなかうまくいきません、ただやれる範囲でやってみたいので、もう少し頑張ってみますという言葉をかけることが重要だと思います。

「一隅を照らす」という言葉があります。

自分の人生は誰からも評価されなくてもよいですが、ただ自分自身が人生を振り返った時に、〝社会の役に立った〟と後で思えるような、一隅を照らすものでありたいと思います。私の一隅がどんなに小さく儚《はかな》いものであっても、悪びれず、ひるまず、いつもほのかに照らしていきたい。そう願います。

仕事を楽しみながらこなすことも大切であります。

「得手に帆を揚げる」という言葉がありますが、仕事を始めた時は、そんなに楽しいものではありません。しかし、情熱を持ってコツコツ努力している間に仕事は楽しいものになってまいります。

孔子の言葉に、「これを知る者はこれを好む者に如かず。これを好む者はこれを楽しむ者に如かず」がありますが、どうせ一生涯の仕事としてするのなら、楽しくなければなりません。

よく自分の仕事が自分の性格に合わないとすぐに辞めてしまう人がいますが、それではいつまでたっても楽しいものにはなりません。どんな仕事も粘り強くやればやるほど、味が出てくるものです。

責任果たし終わったら報告する

第 62 回神宮式年遷宮御白石持行事の奉献記念

仕事が好きになるよう努力する

こんな話があります。

ある大きな保険会社の外交員は電話に出ることすら出来ないほど内向的な人でしたが、外交員ですから、電話ばかりでなく戸別訪問もしなくてはなりません。毎日毎日いやなことを努力しているうちに、常客ができたときの喜び、人とのお付き合いが出来る喜びがわかってきて、ついには全国一の売り上げを達成する外交員になったという話です。

人間というものは不思議なもので、自分が思っている以上に幅が広く、融通が利くものであります。とにかく、仕事が好きになるよう努力することが大切です。

作家の横光利一によると、本当にわかるまでには二十年かかると言っていますが、努力次第では十年に短縮することができるかもしれません。好きで好きで堪らなくなるほど、仕事に打ち込むことであります。

次に、学ぶことを一生涯続けることです。

学ぶということは、本を読むことだけではなく、人の話を聞く、自分で見に行く、自分で聴きに行く、すべてが学ぶことであります。

佐藤一斎が「少にして学べば、壮にして成すあり。壮にして学べば、老いて衰えず。老いて学べば、死して朽ちず」ということを言っておりますが、人間一生涯勉強であります。

この「勉強する」ということは、絶えず自分を高め、充実した楽しい人生を送ろうという気持ちが働いているからであります。私ももう少し早く、若い時に一回しかない人生ということに気が付けばよかったのですが、そのことは中年になってから気が付き、悔やんでおります。

さらに時間を大切にすることです。

言うまでもなく、時間は誰にでも平等に与えられるものでありますが、それを有為に過ごすか、無為に過ごすかによって時間の使い途が大きく違ってきます。

ベンジャミン・フランクリンは、「汝《なんじ》は生命を愛するか、しからば時間を浪費するな。時間こそ生命を作りあげている材料ではないか」と言っております。

また、道元禅師は、「閑《いたず》らに過ごす月日の多けれど、道をもとむる時ぞ少なき」と諭しております。

室蘭測量山のライトアップ。毎月１回室蘭の発展を祈念して点灯。25年続けています

逆境に動じない精神力は培われる

敬愛している方で、今西錦司先生がいらっしゃいます。霊長類の研究家で、文化勲章を受章された方でありますが、同時に登山でも有名です。

深田久弥氏の『日本百名山』という著名な山岳随筆がありますが、それを遥かに上まわる千六百峰、日本ばかりではなく、海外においてもいくつもの山を制覇しておられる日本を代表する登山家でもいらっしゃいます。京都大学学士山岳会の創設者であり、山登りをしている者にとっては巨峰であります。

先生は、普通の人間の二倍も三倍も充実した時間を過ごされたのではないかと思います。世の中にはこのような偉人がおられまして、森鴎外もその一人だと思います。

お二人には及びませんが、私も時間を有効に使うことを念頭に一日一日を過ごしております。気を付けないといけないのは休日です。休みの日をリラックスして過ごすのも一つの時間の使い方でありますが、大まかな計画を立て決して時間を無駄遣いしないことです。一日を振り返って、今日は有意義に過ごしたと思えるようにしたいものです。

成功者に共通項目でありますが、精神的に逞しいことです。

これは前述した要素を実践しているうちに、自然と精神的に鍛えられ逞しくなるのであり、先天的なものではありません。逆境に動じない精神力というものは培われるものであります。困難に直面した時、決してそこから逃げ出さずにチャレンジして乗り越えることです。

もし私が人として最も大切なことは何かと問われましたら、「感謝と謙虚さ」と答えます。特に「謙虚さ」が大切であります。

「小成に甘んじる」という言葉がありますが、少しくらいの成功で自己満足したり、傲慢になることは、まったくもって自分で自分自身を貶《おとし》めていることでありまして、慎むべきことであります。志はあくまでも高くなくてはなりません。

多治見商工会議所の役員議員視察研修会に参加
（前列右から３人目）

健康維持にウォーキング楽しむ

「健康を保つこと」、これが一番大切かもしれません。

若いときには勢いに乗って暴飲暴食をしたりしますが、人生を明るく楽しくしていくためには、人一倍健康に留意することだと思っております。貝原益軒の『養生訓』にもありますが、まず食事が何と言っても一番大切であります。

幸いにして、妻が医師で、人一倍食事に気を付けてくれております。特に年を取るにつれ、振り返ってみますと、もっと早くから気を付けていればよかったと思うことがあります。

まず偏らない食事をすることでありますが、ゲイロード・ハウザー博士が提唱しておられるように、野菜（食物繊維）をたくさん摂ること、それも食事の最初に摂ることです。新陳代謝を活発にすることと、老廃物の排泄（便・尿・

汗等）に気を使うことが体にとって重要であります。

それから、食事ばかりでなく適度な運動も不可欠であります。毎朝ジョギングをしている方がおられますが、なかなか長続きできないものです。そこで、歩かざるを得ないよう自分を追い込むことです。

山登りをしたり、旅行会社企画のウォーキングにはできるだけ参加するようにしております。ゴルフもいまだに続けておりますが、これもよき友があってのことであります。絶えず誘っていただけるような、そういう関係を作っておくことが大切であります。

また忘れてはならないことですが、歯は若い頃に忙しさにかまけて不摂生で手入れしておらず、今は入れ歯になっておりますが、素晴らしい歯科医の先生に巡り合えて、何不自由なく固いものが食べられます。

若い時から歯に気を付けておけばよかったと思っておりますが、まず健康な歯を保つためには年に二回は歯科医院へ行く、つまり歯科医の先生と仲良くなるということが大切です。歯が痛くなって物が噛めなくなる前に、歯垢や歯石を取り、定期健診を受けることです。

健全な歯は、健康を維持し食事を楽しくするのに不可欠です。歯は大切にしなければなりません。「健全な精神は健全なる身体に宿る」といいますが、けだし至言であります。

済州島にある韓国最高峰のハルラ山へ登頂（1950メートル）

海外出張は身体負担少なく調整

仕事上でも、あるいは日々の生活においても決して無理をしないことです。若いうちは多少の無理は利くものですが、年を取るに従って年相応の生活を心がけるべきだと思っております。

よく仕事の関係で海外旅行をしておりますが、身体あっての仕事ですのでスケジュール調整をして、無理のないようにしております。

仕事柄、毎年ヨーロッパ、米国に行っておりましたが、三つほど気を付けていたことがあります。

一つは、事故の起こりやすい早朝や深夜には飛行機には乗らないこと。

二つめは、時差をできるだけ早く解消するために、日光に当たるように気を付けること。例えばゴルフをすることもよいことです。

三つめは、海外では酒を飲む機会が多くありますが、ワインに気を付けています。よく飛行機の中では酒を飲んで、あとはぐっすり寝れば時差なんて関係ないなどという話を聞きますが、そうは思っておりません。酒はできるだけ控えて、読書の時間に充てております。

時差ボケのことを「ジェットラグ」といいますが、これは非常に健康によくないと思いますので、旅行のインターバルもよく考えなければいけません。

前に山登りの話をしましたが、それに触れてみます。

中学生の時、ボーイスカウトに入っておりまして、山登りをしたり、キャンピングをしたり、素晴らしい経験をさせていただきました。その経験から、山登りが生涯の大切な趣味の一つになっています。ただ、百名山といわれる山を目的にしているのではなく、全国のいわゆる〝霊山〟といわれるところを登っています。

いうまでもなく、日本の原始宗教は山岳信仰から始まっています。お百姓さんが大切にする水は山からくるので、自然に山を崇拝するところから始まっているわけですが、まさしく山の恵みであります。

全国には霊山と呼ばれる山が少なくとも千峰はあるのではないかと思いますが、その中の著名な山は、五十年掛けてほぼ登攀《とうはん》してまいりました。

M. H. ダルシア　ＯＣＬ社社長（左）とメトロポリタンホテルニューデリーにて

山登りは多目的に考えている

山登りをするのは多目的に考えており、その周辺の観光と史跡にも触れてみたいと思っております。

なにしろ忙しい中で行くので、タクシーを使ったりもしておりますが、霊山を登っておりますといろいろな面で面白いことに遭遇します。高い山には宿坊があったりしますが、悲しいことに全国的にほとんど利用されなくなっております。

また、霊山はだいたい活火山が多いので、最近の御嶽山のようにいつ噴火するかわからないという不安があります。火山でありますので、頂上は岩がごつごつしており、いかにも修行の場である感じがするわけであります。

空海が中国へ渡る前には二年半ばかりどこにいたかわからない期間があった

ようですが、石鎚山《いしづちさん》を中心に、山に籠《こも》っていたのではないかといわれています。

霊山には薬草が付き物でありまして、大峯山《おおみねさん》の『陀羅尼助《だらにすけ》』という胃腸薬もあったりして、例えば奈良時代の呪術者である役小角《えんのおづの》は薬草についても精通していたようであります。

江戸時代から昭和の初め頃に講《こう》というのがありまして、村人たち信者とその子供たちを連れて、霊山に登ったものであります。それによって子供が鍛えられ、立派な成人に成長していくのです。山伏は先達としてずいぶんそれに貢献しております。

山登りはできるだけ早朝から始めまして、午後二時頃までには下山するようにしております。一つは落雷を避けることが目的、また道に迷っても時間に余裕があるようにしているわけです。

途中で休む時には立ったままで荷物も背負ったまま二～三分休むだけで、できるだけ長い時間休まないように気を付けています。これは、年を取った人間が登るためには大切なことで、途中でどかっと座りこむと登りたくなくなるためです。

小幅に一歩一歩登っているうちに、頂上へ着くことができます。頂上を極めたときの達成感、雄大な景色を眺めるにつけても晴れ晴れとした気持ちになります。

木曽駒ヶ岳の千畳敷カールにて。高山植物が美しいところです

ヒマラヤ見て生きていてよかった

今日まで無事に山登りができましたが、今から振り返ってみても危険なことがありました。

方向が間違ったり、頂上から下りるときに出口が見つからないことがあったり、雷雨にあったり、転倒したり、危険な目に何度も合っていますが、山登りをやめようとは思いませんでした。できるだけマイペースで登るように心がけています。

山登りは健康のためだけでなく、人生を歩む為の重要な教訓を教えてくれる場でもあると考えます。何しろ、苦労して頂上まで着いた時の解放感、あるいは達成感は何物にも代えがたいものであります。

登る時にはなぜこんな苦労をしてまで登るのかと思うのですが、下山する時には次はどこの山に登ろうかと考えているのですから、人間というものは不思議なものです。

山登りの素晴らしいことは、年齢、体力、体調に応じて登山を選択できることです。私は七十五歳を超えるころから、片道三時間を越えない山に登るようにしています。ロープウェイ、ケーブルカー、車などで途中まで行き、そこから登るのもよいことにしています。それでも十分に登山の醍醐味や喜びを味わうことができます。

ネパールの首都カトマンズを基点にして途中までバスで行き、そこからヒマラヤの山々を見ながらトレッキングするのも素晴らしいことでした。生きていてよかったと感じると共に、生きる喜びをしみじみ味わえます。

日本は山岳信仰から始まっていることから、昔からのＤＮＡが流れている気がしています。山を極めることによって、そのＤＮＡに働きかけて古《いにしえ》を思い出すことになるのではないか。

私が今、仕事をしている多治見市は陶磁器の産地でありますから、何千年も前から使われた陶磁器も、これこそＤＮＡの塊だと思っております。つまり陶磁器に接するということは、ＤＮＡを刺激しているような気がしてなりません。

山登りを趣味の一つにしておりますので、振り返ってみて大変良かったなあと思っています。

ネパールの首都カトマンズを基点にヒマラヤをトレッキング。好天に恵まれ幸いでした

人生に関連する素晴らしい言葉

新聞、雑誌、本を読んでいて、これはけだし名言と思うことは必ずノートに書き写すようにしております。

これまでに何冊もの備忘録が出来上がりました。その中で、人生に関連する素晴らしい言葉がいくつかありますので、ご紹介したいと思います。

◇

「私は今年で八十六歳になるが、この年になるまでに、相当な数の人々が下積みから這い上がって成功するのを見届けてきた。成功者になるために一番大切なものは、『自分にもできる』という信念である。思いきって事に当たらない限り、決して名声も成功も得られない」（ジェームズ・ギボンズ）

「人間は逃げ場がなくなれば、不幸と災難に耐え抜き、それを克服することができるものだ。人間には自分でもおどろくほど強力な知恵と能力が隠れている。それを利用する気になりさえすればよい。われわれは自分の潜在的な力に気づいていないだけである」（デール・カーネギー）

「とても出来そうもないと思える事柄でも、思いきってぶつかることだ。恐怖心はあっという間に溶け去るだろう」（デール・カーネギー）

「世界史に残るような偉大で堂々たる業績は、すべてなんらかの熱中がもたらした勝利である」（ラルフ・ワルド・エマーソン）

「どんな職業につこうと、成功に向かう第一歩は、その職業に興味を持つことだ」（ウィリアム・オスラー）

「現代は演出の時代である。単に事実を述べるだけでは人の心をとらえない。それを生き生きした、面白くて劇的なものに仕立てることだ。いわば興行者の手を用いるのだ。映画も放送もこの手を用いている。あなたもこの方法で注目

を集めてはどうだろう」（デール・カーネギー）

「艱難にまさる教育なし」（ベンジャミン・ディズレーリ）

「何かを成し遂げようという気持ちがなければ、世間のどこへ行っても頭角を現わせない」（デール・カーネギー）

「私は他に気がかりなことがあるとしても、それに関連する事柄すべてを忘れ去り、当面の仕事に没頭することにしている。その効果は実にすばらしい」（ヘンリー・ウォード・ビーチャー）

「幸福に向かう道はただ一つしかない。自分の意のままにならない事柄について思い悩むのをやめることだ」（エピクテトス）

「われを地上に送りたまいし者、常にわれと共にあり――父なる神はわれを見捨てたまわず」（新訳聖書）

「天国は心の中にある」（キリスト）

会社の近くの桜並木“陶彩の径”

失敗重ねることで成功の確率上がる

今までの長い人生の中で感ずることは、ことを為す前には不安や恐怖があるが、それを乗り越えてしまうと思ったほど心配することはなかったということがわかります。

つまり、「案ずるより産むが易し」という格言がありますが、このようなことを今までに度々経験してまいりました。

前にも述べましたように、「くよくよするな、最善を尽くしたあとは、神の手にゆだねることだ」ということです。

このような格言・名言を繰り返し自分に言い聞かせている間に、人生の前に立ちはだかるいろいろな難関を乗り越えていくことができるのです。決して難関から逃げ出さないことです。

また大切だと思うことは、失敗を恐れないことです。失敗を重ねることによって成功の確率が上がるものと思っております。

逆にいえば、失敗の経験のない人には新しい道は開けません。そのような気持ち・心構えで難関にぶつかることが逃げ出さないコツ・秘訣でもあると思います。

さらに、人間社会ばかりではなく、この神の創りたもうた創造物はすべて宇宙でつながっているものと感じます。

つまり他人も自分であり、自分も他人であるという考え方になります。とすれば、他人の悲しみは自分の悲しみでもあり、自分の喜びは他人の喜びにもなるということであります。

したがって他人の悪口を言うということは、廻り回って自分の悪口を言うことになります。慎まなくてはなりません。

中国の易経《えききょう》に「積善の家には、必ず余慶あり」（善行を積んだ家には、その徳によって子孫にまでも幸福があるものである）とあり、また反対に「積悪の家には、必ず余殃《よおう》あり」とあります。

まさに因果応報であります。

ＴＹＫ大畑工場内の椿・大日大聖不動明王堂竣工式にて

学びのとき

体験が性格変えて勉強にも興味

それでは、私の人生を振り返ってみたいと思います。

私は昭和十（一九三五）年八月二十八日に、土岐郡多治見町（現多治見市白山町）で七人兄弟の長男として生まれました。弟が二人、妹が四人いましたが、長女と三男は病気で夭逝《ようせい》しています。

生家は取り壊されてありませんが、実は社長になってからその土地を買い取りました。写真と図面は残っていますので、いずれ再建することが私の夢の一つです。

やがて幼稚園に通う年齢になり、約一キロほど離れた愛児《あいじ》幼稚園まで番頭さんに自転車で送迎してもらいました。当時の思い出は、園庭に桜の木があり、春になると毎日桜の花びらの形の紙を一枚づつノートに描かれた桜の木に貼り付けたことを覚えています。一カ月足らずで本物の桜もノートも満開になり嬉しかったものですが、これが最初のモノづくり経験だったかもしれません。

小学校は、土岐川の対岸にある多治見市立昭和小学校に通いました。昭和橋を渡って毎日三十分ほど歩いて通学しましたが、四年生の時、忘れられない経験をしました。

その頃は「隠れ休み」と言いましたが、要するに学校をサボってしまったんです。二つ年上の学校嫌いだった先輩に誘われて川原で遊び、弁当を食べました。子供心にも感じた後ろめたさや、何とも言えない弁当の味までが脳裏に焼き付いています。

中学校の一、二年までは、喧嘩になっても「お前は隠れ休みをやった」と機先を制されると、手も出ないほど罪悪感がありました。

しかし今にして考えれば、かえって良い体験をしたと思うのです。元来、生真面目な性格で我ながらお堅いお子様だったのですが、この事件をきっかけに少しは力を抜けるようになったと感じるからです。

そんな私の学業成績は、小学校五年生半ばまで中の下といったところで低迷し、はっきり言って勉強は嫌いでした。ところが五年生の夏休みにヒマワリの観察記録を発表すると評判が良く、担任の東徳太郎先生にも大いに褒《ほ》めていただき、校外でも好評を得ました。これが大変な自信となって、勉強に興味を持つようになったのです。

母と弟妹たちと（右端）

夢の中でアイデア浮かぶことも

やはり勉強というものは、本人が心から面白いと感じ、自ら進んで取り組まなくては意味がありません。そうした好奇心は、生まれつきの部分もあるでしょうが、人間一つのことを知ると、さらに新しいことを知りたいという本能的な欲求が高まるもの。

だからまず何でもいいから好きな物事、興味をもてる物事を見つけ、向き合うことが、努力を重ねていくための最大のモチベーションになると思います。

私の場合は、学校の勉強は嫌いでしたが、モノづくりへの興味や関心は人一倍強く、いろいろなアイデアを考えては試してみるような子供でした。

例えば、竹筒の水鉄砲にしても、人より遠くまで水が飛ばないと気が済みませんでしたから、実現するにはどうすればよいか知恵を絞り、結局、ピストンとシリンダーの密着度が大切だと気付いて改良を重ねました。

とりわけ熱心だったのが、ゴム動力の模型飛行機や凧《たこ》の設計です。絶対に落ちない凧を作るという開発目標を掲げ、重心の取り方、凧足の長さ、そして糸を張る位置が大切であるということを経験から学びました。

寝ても覚めてもと言いますが、本当に四六時中、模型飛行機や凧の改良のことばかり考えていましたから、寝ている時に夢の中でアイデアが浮かぶこともありました。

大人になってからも、夢の中で得たアイデアを会社で実践して、成功した経験が何度もあります。常に興味を持って考えていれば、アイデアはふいに湧きあがってくるもの。今でも寝床の傍《かたわ》らには、必ずメモ用紙とペンを置くようにしています。

さて、中学校は小学校のすぐ隣の多治見市立平和中学校に進みましたのではほとんどの生徒と顔見知りでしたが、みんな相変わらず空腹で、学校帰りには歩きながら目が回ったものです。

まだ戦後の混乱があらゆる面で続いており、教科書も製本どころか裁断もされておらず、印刷したままの大きな新聞紙のような状態で配布されました。それを自分で切って、本の形に綴じて使うのですが、そんな粗末な教科書さえ数が足りず、下の学年の生徒に譲って再利用したのです。

空飛ぶ自動車『ミラクル・ビーグル』と三橋清通ＭＶ調査開発特別研究会会長

行動力、好奇心で影響受ける

実は小さい頃の私は、おばあちゃん子でした。と言うのも、私は七人兄弟の長子であり、父は仕事で殆ど家をあけており、母は戦中戦後の大変な時代に幼い弟妹たちを育てるのに手一杯の上、事務の仕事も手伝っていましたので私には手がまわらず、自然に祖母を頼るようになりました。

祖母のりきはたいへん勝ち気な性格で、そもそも祖父の喜三郎と出会う前、嫁ぎ先で庭にマッチ棒が一本落ちていたのを咎《とが》められ離縁させられました。実家にいたたまれず、二十歳にして故郷の土岐から単身、身寄りもない東京に出てきたのですから、これは大変な決断力と行動力の持ち主と言えるでしょう。

何しろ明治の代、中央線が開通する以前の話です。中山道から続く下街道を歩き、男の足でも辛いと言われた内津峠を越えて、一日がかりで名古屋にたどり着いたのです。

しかも鈍行で上野の駅に降り立つと、人力車の車夫に頼んで旅館に連れて行ってもらい、飛び込みで仲居に採用してもらったそうですから、大した度胸の持ち主でもあり、TYKのDNAの太祖《たいそ》と言うべき人物です。

ともあれ、飛び込み採用してもらった旅館で一生懸命に働いて主人に認められ、その仲立ちで常連客の一人だった喜三郎と出会い、亀戸に所帯を持つことになったのです。

これを機に織物の染色を営む店を構え、七、八人の従業員を使うほど繁盛したようです。また、喜三郎はいつもキチっと着物を着こなした、物静かな旦那風の人物でした。

祖母はじっとしておれない性格で、私も色々な所に連れていってもらいました。今でもよく覚えておりますが、釜戸の白狐温泉、飛騨小坂の湯屋温泉、鳥羽などへ連れて行って頂いた事を思い出します。今でも温泉が好きなのは、そういう経験があるからではないかと思っております。

また祖母の行動力、好奇心は、自然に私にも受け継がれたものと思います。子供の頃の育ち方と言うのが後々まで大きな影響を及ぼすものだと思っております。

亀戸時代の祖父、喜三郎

祖母、りきと幼少期の父、幸一（大正初期）

肉体労働ほど楽しいものはない

父、幸一は、明治四十二年六月十二日生まれ。牛込喜三郎・りき夫婦の長男として、東京の亀戸で少年時代を過ごしました。東京の下町で育った少年時代は体格もよく、ガキ大将として君臨。大勢の子分を引き連れて、亀戸や浅草かいわいを闊歩《かっぽ》し、よく喧嘩もしたそうです。

それでも小学校の成績はかなり良かったようですが、当時は染物屋になるのに学問は要らないというのが常識でしたから、本人にも旧制中学に進むつもりは全くありませんでした。

ただ父が尊敬していた担任の先生が能力を惜しみ、府立三中（東京府立第三中学校、現都立両国高等学校）に推薦をしてくれたそうですが、やはり受験勉強をせずに合格できるほど甘くなかったようです。

ちなみに、一緒に三中を受験して合格した友人は後に一橋大学から石油会社に入ったそうです。もし合格していれば父も似たような道を歩んだことでしょう。すると当然、ＴＹＫは存在しなかったわけです。

それは家業を継いでいても同様だったでしょうが、人生とは不思議なものです。大正十二（一九二三）年九月一日、あの関東大震災で一家は焼け出され、店の復興を考える余裕などないまま、十四歳だった父は今日を食うために沖仲仕になります。

沖仲仕とは埠頭で荷揚げをする労務者であり、当時は荒くれ者の世界でした。六十キロもの荷を担いで艀《はしけ》を行き来する重労働でしたが、体力に自信のあった父のこと、ほどなくコツをつかんだそうです。

父は後年、よく「肉体労働ほど、楽しいものはない。汗を流して、仕事を終えた後の一杯は、何物にも換えがたい」と語ったものですが、実際に自ら汗することを厭《いと》いませんでした。

　とくに牛込製粉工場として独立後は、粘土を粉末にするために天日に干したのですが、この粘土の塊は重く、なかなかの重労働だったのです。

父、幸一と母、民子の結婚時（新築の自宅前にて）

父、幸一（右から２人目）と北海道洞爺湖にて

不言実行、父の働く姿見て育つ

若くして肉体労働で汗を流した経験があったからこそ、父は経営者となっても、工場で働く労働者の気持ちがよく分かりました。また不言実行の人であり、部下には言葉でなく背中で語る男でした。今時流行らないかもしれませんが、これは非常に重要なことだと思います。

とくに後を継げとは言いませんでしたが、自ら働く姿をみせてくれましたし、私も父の背中を見てさまざまなことを学びました。

さて、食うために埠頭で働いていた父ですが、さすがに関東大震災後の焼け跡のバラックで冬を過ごすわけにはいきません。一家は祖母の在所を頼って岐阜県土岐郡泉町（現土岐市泉町地区）へと疎開することになり、沖仲仕の暮らしも二カ月ほどで終わりを告げました。

明けて大正十三（一九二四）年、祖父母は名古屋市東区徳川町で東京堂という菓子店を開きました。祖母はなかなか商才があり、自ら西区幅下の問屋で菓子を仕入れるなどして繁盛したといいます。ただ、当時は珍しくありませんでしたが文盲に近く、帳面もつけられませんでしたので売れる度に印をつけ、後から祖父が計算したそうです。

一方、父は遠縁の紹介で瀬戸の柴田窯業原料という会社に十五歳で丁稚奉公に上がりますが、ここで、当時の日本は貧しかった、本当に食うだけで大変な時代があったということを若い皆さんに知っていただきたいと思います。

丁稚奉公では当たり前ですが、休みは月一日だけ。主人宅に住み込みで雑用もしましたし、食事も家人が食べ終わってから。冬などは冷や飯どころか凍ってしまい、お湯をかけて食べたそうです。

昭和五十八（一九八三）年から一年間放映されて空前の大ヒットになったN

HKの連続テレビ小説『おしん』はまさに他人事ではなく、毎日欠かさず食い入るように見ていたものです。

しかし、多くの若者が似たような境遇を生きていたのです。そして、あの松下幸之助さんを筆頭に丁稚から身を立てて成功する人も多くいました。

新年会開催時の父、幸一（本宅玄関前にて）

私の人生で大きな影響受けた

中学校へ入りまして、多治見市で結団されたばかりのボーイスカウトに入りました。これは私の人生に大きく影響を与えたものの一つであります。

ボーイスカウトは、一九〇七年にロバート・ベーデン・パウエル卿がイギリスのブラウンシー島で二十人の少年たちを集めて実験キャンプを行ったのが始まりであります。

ロバート・ベーデン・パウエル卿は、かねてから少年たちの教育に大きな関心をもち、インドや南アフリカでの体験をもとにさまざまな野外教育を通じて、少年たちが男らしさを身につけ、将来社会の役に立つ人間に成長する事を願い行いました。

このボーイスカウトの目指すところは、自主性、協調性、そしてリーダーシップを高めることを目的として活動されているものでありまして、私は今の時代に一番欠けている事を目指しているような気が致しております。

子供が自然にふれ、知らないうちに大人になった時の資質を身につけていく、素晴らしい活動であります。

ボーイスカウトの歌に『光の路』があります。

大空を渡る日の　光は清く
心地よき輝きに　闇はうせゆく
光の路を踏みゆく　われら
とこしえに保たん　明るき心

生命を尊重する心、仲間と話し合って協力する心、モラルや正義感、自然や美しいものに感動する心などが子どもたちの「生きる力」の基礎となります。

今こそボーイスカウト運動を高揚させ、そして、できれば全ての子供が参加できるところまで、高められればいいとすら思っております。

ボーイスカウトを経験したことによって、生涯続けている山登りをはじめ物事を考える時の礎になっているような気が致しております。意を決してアメリカに渡ったのも、或いはグローバリゼーションを進めたのも、このボーイスカウトの活動の影響を少なからず受けていると考えます。

ちなみに、ボーイスカウト多治見第一団は、平成二十七年二月に発団五十周年記念式典（途中で中断し、一九六五年再開）を開催しました。私も祝辞を述べる機会を頂きました。

上高地の河童橋前にて（後列中央）

白ハチマキで士気高め卓球大会優勝

中学生になってもモノづくりへの興味は相変わらず旺盛でしたが、この頃には会社で余ったレンガを貰ってきて窯を自作し、もっぱら炭焼きに挑戦していました。

炭焼きというのはなかなか難しいもので、最後に蒸し焼きの状態にしないと良い炭はできませんから考えを巡らせ、工夫を凝らす毎日でした。

ちょうどその頃、私は初めてリーダーというものを経験しました。とは言え他愛のないもので、クラス対抗の卓球大会のリーダー役に選ばれたのです。

ところが、私たちのクラスには上手い選手がおらず、下馬評では最低ランク。それに発奮しまして、今さら特訓しても仕方ないからとにかく士気だけでも高めようと思い立ち、クラス全員そろいの白いハチマキをつけて大会に臨みました。するとみんなの心が一つになって大いに盛り上がり、実力以上の力を発揮して勝利を重ねて、何と優勝してしまったのです。

この経験は、みんなで力を合わせて事に当たることの大切さ、素晴らしさを教えてくれました。それは仕事でも全く同じであり、私の経営理念の原点ともなったのです。

アメリカへの憧れが芽生えたのも中学時代で、どういうきっかけかは覚えていませんが、二年生の時に文通を始めたのです。

ペンシルバニア州のピッツバーグに住む同年代のペンフレンドができ、習いたての英語で苦労しながら手紙を書きました。時々、写真や絵葉書がおくられてきましたが、そのカラーの美しさに圧倒されました。

また、アメリカの歴史の本を貰った時は、嬉しくて仕方ありませんでした。本当に素晴らしいつくりの本で、日本の手づくりの教科書とは大変な違いでした。

さて、高校受験を考えるようになった私は、愛知県立明和高校への進学を決意しました。とにかく名古屋に出たくて、別に旭丘でもどこでもよかったのですが、たまたま近くに知人が住んでいた明和高校に決めたのです。

当時の多治見市の高校進学率は六〇パーセント位だったと記憶しますが、多治見から名古屋の高校に通うのは、まだ珍しい時代でした。

子供の頃、夏休みに１カ月程滞在していた長野県田澤温泉「ますや旅館」

窯業関連の学科がある大学をめざす

首尾よく合格した明和高校は、想像以上の別世界でした。同級生には名古屋の名門中学の出身者が多く、私からみれば秀才ばかり。実際に学力の差を痛感し、最初はついていくのが大変でした。

最初の二年間、多治見の自宅から通学しました。国鉄（現ＪＲ）中央線で五十分ほどかけて大曽根に出て、大曽根で瀬戸電（現名鉄瀬戸線）に乗り換えたのです。

しかし勉強には苦労しましたから、とくに大学進学を控える時期になると、毎日多治見と名古屋の間を往復する時間が惜しく、三年生の一年間は知人宅に下宿させてもらって、受験勉強に打ち込みました。

今思えば、父から「大学に行け」と言われたことは一度もありません。名古屋に出て、秀才に囲まれることで自然に、自発的に大学進学の志を持つようになったのです。孟母三遷《もうぼさんせん》の故事ではありませんが、子供時代に身を置く環境はとても重要だと考えています。

実は結婚して子供ができ、マイホームを構える際、名古屋の文教地区と言われる田代学区に土地を求め、家を建てました。もっとも、長男は野球ばかりしているような子供でしたが、ともあれ親として子供の環境を考えることは大切だと思います。

話を戻しますが、明和高校という環境で揉まれて大学進学の志を持ち、特に三年次は一生懸命に勉強して、何とか名古屋工業大学に進学することができました。

名工大は当時二期校でありまして、他大学も受験を致しましたが、見事不合格で名工大に入る事に致しました。その頃からすでに家業の事を考えておりまして、当時、窯業関連の学科があるところは全国で東京工業大学、名工大と京都工芸繊維大学のいずれも国立でしたが、三大学しかありませんでした。

まずモノづくりは工学を勉強する事だと考えていまして、入学できたことは嬉しく思いました。

名工大時代は、自分でも堅いと呆れるほど真面目な学生でした。授業はいつも一番前に座り、えんぴつを削って準備をし、先生の講義を食い入るように聞いたものでありました。教養課程ではほとんど優、専門課程でも全優であったと思います。

名工大の教室にて。鉛筆を削りつつ準備をしている

東京本社で働きながら学士入学

名工大の授業は実験が多くて時間をとられるため、アルバイトもほとんどできませんでした。だから、唯一の息抜きが空手部で練習することという堅い学生生活を送っていたのです。

昔はサークル活動も厳しく、かなり熱心に稽古したもので、時には早稲田大学の空手部とも合宿を行いました。そこで早稲田の学生と交流して驚いたのは、彼らの視野の広さです。

名古屋の工学系の単科大学の学生と、東京の伝統的な総合大学の学生の差と言ってしまえばそれまでですが、実験に明け暮れる私から見ると、堂々と天下国家を論じる彼らとは人としてのスケールの大きさが違うと、愕然としました。

よく技術者や研究者は専門性ゆえの視野の狭さを指摘されますが、まさにその通り。名工大で研究の面白さを味わうと同時に、自分の世界の狭さを痛感した私は、卒業後、東京窯業（現ＴＹＫ）の東京本社で働きながら、早大の政治経済学部経済学科二部に学士入学したのです。

経理の仕事をする傍ら、さらに二年間の学生生活を送りましたが、本当に良い経験ができましたし、つくづく大学とは真面目に勉強するだけの場ではないと実感しました。伝統ある総合大学の自由な風土の中、政治やマスコミを志す若者が論じ合う環境で過ごした二年間は、大きな財産になったのです。

子供の頃から堅い人間であると自覚していましたし、そのコンプレックスの裏返しとして、もっと柔軟な思考や言動のできる魅力的な人間になりたいと願っていました。

余談になりますが、若き日の私が堅物だったことを父も気にかけていたらしく、こっそり東京の番頭さんに頼んで、上京したばかりの私を人形町の花街に案内させたというエピソードがあります。

それはともかく、自分でも六大学野球の応援に出かけて、勝てば歌舞伎町で気勢を上げたり、銀座界隈を闊歩《かっぽ》したり、新宿のバーの女の子と遊んだりと意識的に羽目を外そうと試みたものです。

こうした遊びは結局のところ空しいと言うか、実にはなりませんでしたが、まずは何事も経験することが肝腎ではないでしょうか。

本社の経理課にて簿記の仕事から始めました

見極める眼力養われる株取引

大学での生活は勉強することも大切ですが、全国各地から集まった異文化を持った学生が一堂に会することだけでも大きな意義があります。それによって自然に視野を広げる事や、自分の考えに柔軟性や弾力性をもたせるのができてくるのです。また自由な時間が十分ある学生時代は授業以外の新しい事に突っ込むよい時期でもあります。

早大時代に始めた事に、株取引があります。単なる小遣い稼ぎでなく、色んな会社の事を知りたいと思ったのが始めるきっかけでした。そのためには本を読むだけではダメだ、大切なお金を使って本気で勉強しなくては、と考えたのです。

もし冷静に取り組むことができるなら、株取引を経験することはビジネスマンにとって最高のトレーニングになるでしょう。

投資する会社が成長するか否かを見極める眼力が養われるだけでなく、世の中の様々な動きを見る視野の広さも鍛えられるからです。

ちなみに私のトレーディングの成績は、今日までトータルでみて損はしていません。株取引で儲ける極意は、十分に銘柄を吟味して安い時に買い、腹七分目ぐらいに上がった時点で売ること。ただし、底値で買おうとは思いません。

ともあれ、ビジネスマンは機を見るに敏でなくてはなりません。大きく急速な変化を続ける二十一世紀を生き抜く為には、それは尚更であり、株取引はその資質を磨く格好の手段になるでしょう。

もちろんのめり込んで本業を疎かにするような事があってはなりませんが、社是や家訓で株取引を悪行として禁じるようなことはナンセンスだと思います。

何事も経験してみるということの大切さは、仕事でも全く同じです。まずは失敗してもいいから新しいテーマにチャレンジし、失敗も身を持って経験しなくてはなりません。世の中を渡る力とは経験から生まれるのであり、失敗を知らない人間は脆《あやう》いものです。

知恵とは知識プラス行動であり、行動とは挑戦と失敗の積み重ねである……これが、私の信念です。

早大時代にはコンパを時々開催し、青春を謳歌しました

自ら主体性を持って動く大切さ

もう一つ、早大時代に学んだ重要な教訓。それは「自分の位置を知る努力をしなければならない」ということです。これは経済原論を担当して頂いた酒枝義旗先生の教えで、実は他には何一つ覚えていないのですが、ビジネスマンにとってとてつもなく重要な教訓と言えるでしょう。

なぜなら、たとえば「自分の会社が業界の中で、世界で、どんな位置にいるのか」が把握できなければ、「自分が会社で何をすべきか」さえ分かりません。たとえ会社員であっても会社に従属していてはダメです。仕事は与えられるものではないですし、あなたは会社に使われる人ではありません。会社として向かうベクトルは同じでも、自ら主体性を持って動かなくてはならないのです。

ある意味、人生とは舞台です。そうである以上、演じることも必要です。たとえば、長嶋茂雄という人は若い頃から自分を他人とは違うものと位置づけ、あのヘルメットを飛ばす豪快な空振りの仕方一つにしても、明らかに演出していたのでしょう。

最近ではイチローもそうですが、あえて自分を特別な存在に追い込む事で、努力しているように思います。

あるいは芸術家にしても、芸術的なセンスや技量だけでは成功できないでしょう。どんな世界でも、上に行く人はいかに自分をPRするかという演出に秀でているのです。もちろん演出だけ、目立つことしか考えてない人はダメですが、目立たない人はもっとダメなのです。

現に私自身、企業の会長という立場で演じている部分はあります。まず、会社のみんなに元気な姿を見せること。決して重役出勤などせず、毎朝早く出社して朝礼に参加し、みんなと一緒にラジオ体操もする。何よりも絶えず前向きに、会社の発展をいつも考えている……そんな姿を演じて、みんなに見てもらうわけです。

そもそもこの年齢になりますと、いつも元気でいるということ自体なかなか大変なことであり、そのために努力しているのは言うまでもありません。

ウランバートル郊外キャンプ（モンゴルにて）

商談以前に自分磨く努力する

自分の世界を広げ、また自分の位置を知るために行動し努力することは、ビジネスマンにとってきわめて大切なことです。しかし残念ながら、とくに研究者や技術者という人種は一般にこうしたことが苦手と言わざるを得ません。それは私自身が名工大時代に自分の視野の狭さ、融通の利かなさを痛感した通りです。

ですから、平成十九年度まで名工大の全学同窓組織である一般社団法人名古屋工業会の理事長を務めさせて頂きましたが、卒業式で挨拶させていただく機会がありますと、卒業生の皆さんには「交際の範囲を広げなさい」と言うようにしていました。

自分の狭さは、実は自分では分からない。だから交際範囲を広げ、色々な人に出会いなさい。さもないと、いい会社に就職できても課長以上に出世できませんよ、と。

まあ課長云々はともあれ、交際範囲、すなわち己の世界は自然に広がるものではありません。繰り返しますが、広げるべく努力しなくてはならないのです。

さて、二十四歳で早大を卒業した私は経理部から営業部門に配属され、ビジネスマンとして本格的にスタートしました。新人営業マンとして主に日本鋼管(現ＪＦＥスチール)を担当しましたが、実は営業と言うか、客先を回るのは初体験でなく、名工大時代からよく父の営業活動に同行させられていたのです。

後を継げとは言われませんでしたが、父としては継いで欲しかったのでしょう。とは言え、大学生になったばかりの私には何が何だか訳が分からず、客先に連れて行かれても居場所がなくて困りました。ただ黙って話を聞いているしかありませんでしたが、そのうち面白い事に気付きました。商談の場で父はほとんど世間話しかせず、それがまた面白いのです。

トップセールスならではかもしれませんが、これは一営業マンにとっても大切なことで、製品や価格の話だけで人間関係を築くことはできません。よく、営業とは製品でなく己を買ってもらう事と言いますが、商談以前に自分を磨くべく努力すること、ＰＲすべく演出することが欠かせないのです。

日本鋼管水江製鉄所の高炉前にて

一度しかない人生の一大事

社会人になった私は、プライベートで大きな出来事を二つ経験します。まずその一つは、昭和三十八年三月二十三日に二十七歳で結婚した事です。

実は平成二十年一月に、創立六十周年行事の一環として、社内の若手管理職の諸君と対談する機会がありましたが、若い彼らの何人かが現在の夢として結婚を挙げた事を嬉しく思いました。

ある銀行の創業家では、家訓として「結婚はかくあるべき」ということが記されているそうですが、私も、結婚とは一度しかない人生の一大事。その家が子々孫々まで栄えるための重要な要素と信じているからです。

若い頃からそのように考えていましたので、自分の結婚相手を探すに当たっては日本鋼管の役員の方など各方面にお願いし、何度も見合いをしました。こちらがよいと思っても相手が駄目であったりで、なかなか纏《まと》まりませんでした。

それでも性懲りもなく続けているうちに、紹介して頂いた人の中に適齢の娘がいるという会社の社長がみえました。日本鋼管の製鉄技師から独立して会社を興したという方ですが、私とは登山や囲碁など共通する趣味が多く、ある時誘われて群馬県の金山に登り、古い湯治場で一泊して碁を打ったのです。

その碁は私が勝ったのですが、終局後、おもむろに「実は私には娘がいるのだが……」と切り出されて、見合いをすることになりました。

そんな経緯で見合いをしましたが、当時の見合いは一度だけでなく、何度も同じ相手と会ったものです。結局、その女性、旧姓・里見裕代が妻となるのですが、当時はまだ東京女子医科大学の学生で、結婚後も一年ほど大学に通いました。

結婚式は神前式で、披露宴とともにホテルオークラにて執り行ない、来賓には日本鋼管の河田重社長や、大同製鋼（現大同特殊鋼）の石井健一郎社長をはじめ、錚々《そうそう》たる皆様にご出席いただきましたが、これはもちろん父の意向によるものです。

その後、多治見でも披露宴を行いましたが、会場はＴＹＫ本部の社員食堂という質素で気楽なものでした。

家内の両親。義母は教師をしていました

医師になるつもりが専業主婦に

家内は、私が言うのも何ですが実によくできた女性です。父と同様、私も若い頃は仕事優先でほとんど家にいませんでしたが、よく我慢してしっかりと家庭を守ってくれました。

当時は土曜日も仕事で、夜はお客様と会食して、日曜日は別のお客様とゴルフ、また月曜日から仕事という毎日が当たり前。当然、子育ても完全に家内任せです。

結婚の翌年に長男が、その翌年に長女が、さらに四年後に次男が産まれましたが、実質的に女手一つで三人の子供を育ててくれました。唯一した父親らしいことと言えば、名古屋の文教地区に家を建てたことぐらいでしょうか。

結婚当時、学生だった妻は一年ほど通学を続けて卒業し、医師国家試験にも合格しました。ですから本人は当然、医師になるつもりだったでしょうが、私の「結婚したら家庭に入ってほしい」との頼みを受け入れて専業主婦になってくれ、家庭を守ってくれたわけです。

しかし、家内は決して医師となる夢を諦めたわけではありませんでした。同期の仲間たちより随分と遅れてしまいましたが、子供が成長して手がかからなくなった四十代後半から、医師の仕事をするようになったのです。

もちろんブランクがありますから、それを埋めるべく名古屋大学の医学部に通って葛谷文男先生の教えを受けるなど、自ら道を切り開く姿勢は、私も大いに見習いたいと感じました。

また、現在では産業医の資格も取得して、TYKの産業医も務めてくれています。もちろん会社経営にはノータッチですが、良き妻として、そして母としての働き、さらに医師としての努力と活躍には頭が下がる思いであり、本当に感謝の念に耐えません。

ともあれ、一度きりの人生、何事も成り行き任せではいけません。パートナーと巡り会い、結婚して幸福な家庭を築くことに関しても、全力で努力しなくてはならないのです。

現在は「少子化の時代」と言われ、今後ますます加速するようですが、そんな時代だからこそ優秀な子孫を残すためにも「自ら努力して最高の相手を探しなさい」と、若い皆さんに云いたいのです。

東京女子医科大学卒業時の家内

見識広めて己の力試してみたい

もう一つのプライベートでの大きな出来事が、海外留学です。とにかくアメリカに行きたくて仕方がありませんでした。その夢の原動力となったのは、日産コンツェルンの創始者である鮎川義介氏の自伝です。

有名な明治の閣僚である井上馨の実姉の長女を母とする鮎川氏は、東京帝大の工学部機械科を卒業した後、身分を隠して芝浦製作所、今の東芝に入って日給四十八銭の職工となります。

ところが、当時の日本の技術は全て欧米の模倣であると知ると、今度は渡米して鋳造メーカーで一労務者として働き、帰国後に事業を興して日産コンツェルンの礎を築きました。

だから私もアメリカの企業に入って見識を広め、また己の力を試してみたいと周囲を説得し、三十歳にして勇んで日本を飛び立ったのですが、まず立ち寄ったハワイでいきなり出鼻を挫かれました。

アメリカで働くことに憧れるぐらいですから、英語力には多少の自信があるつもりでした。

ところがハワイの税関で、係官から何を質問されているのかさえ全く理解できず、たまたま居合わせた日系二世の人が通訳してくれなければ入国すらできないところだったのです。つくづく、机上の勉強だけでは世間に通用しないことを思い知らされました。

とどめに、その御仁から「キミの英語はまったくダメですなあ」と言われて自信を喪失。ワイキキのビーチに行ってはみたものの、アメリカ人に話しかける勇気はありませんでした。食事時になってもレストランに入りづらく、結局空腹が我慢できなくなり、やっと安いカフェテリアに入りました。

まだ一ドル三百六十円の時代、外貨持ち出しも一人五百ドルに制限されていた、一九六五年一月のことです。

それでもハワイは素晴らしかったです。写真で見た通りのダイヤモンド・ヘッド、一月なのに花の香りが満ちる常夏の島、豪邸が立ち並ぶ高級住宅街などアメリカとは、すごい国だと実感しました。

出国前に羽田空港ラウンジにて

ビジネススクール入学考える

ハワイを後にし、知人のいるサンフランシスコに到着しました。たまたま日本から来られた親戚の御嬢さんが滞在しておられ、彼女に案内してもらい街でレンタカーを借りました。

もちろん日本では普通に車の運転をしていましたが、オートマチック車に乗るのは初めての経験です。彼女を乗せてミュアフィールドという観光地へ行きましたが、ずっと四速でいいだろうと放っておいたらオーバーヒートはするは、左ハンドルの右側通行で危ない思いをするは、散々でした。

さらに翌日、サンフランシスコから空路デンバーを経て、ようやくニューヨークのジョン・F・ケネディ空港に到着しました。羽田を発って五日目の夜、ニューヨークは寒く、雪が降り積もっていました。

宿舎であるロックフェラー・インターナショナルハウスに無事に到着して、受付で鍵を受け取ったものの、部屋にはベッドと勉強机しかなく、窓から雪が降る様子を見ていると侘《わび》しくなりました。

そこで、思いきって隣室をノックしてみるとアメリカ人でしたが、親切に日本人留学生の部屋に連れて行ってくれ、シャワーやトイレの説明をしてもらいました。そうして自室に戻ってウィスキーを飲み、ようやく人心地ついたものです。ちなみに若い頃はかなりいける口であり、酒が飲めるのは有難いことだったのです。

さて、そもそもアメリカで働いてみたいと考えて渡米したわけですが、当時は厳しいイミグレーションロー（移民法）があり、外国人の就労は非常に困難でした。

そこで、ニューヨークにあるコロンビア大学のビジネススクール（経営学大学院）への入学を考えました。名門コロンビア大のビジネススクールの院生なら、一流企業への会社訪問もできると考えたからです。

語学に自信を失っていた私は、ビジネススクール受験の前にまず英語力を鍛え直す必要がありました。コロンビア大にはランゲージセンターがあり、主に大学や大学院の受験をめざす留学生を指導してくれましたから、センターの最上級Aランクのクラスに通ったのです。

初めて運転したアメリカ車

卒業することの難しさ

英語力が向上したころ日本から家族を呼び寄せ、家内とまだ一歳にならない長男と三人で、ブロンクスで半年ほど暮らしました。そして首尾よく入学を許可され、ニューヨークでの二年間のキャンパスライフがスタートしたのです。コロンビア大学はアメリカで六番目に古い大学で、いわゆるアイビーリーグの一つでもある私立大学です。所在地はニューヨーク市北部のブロードウェイ116丁目、その先の125丁目は有名なハーレム（黒人街）です。

著名なOBも多く、たとえば平成二十一（二〇〇九）年、黒人初の大統領となったバラク・オバマ氏も、その一人です。

ビジネススクールとは日本流に言えば経営学の大学院であり、勉強は厳しかったです。学期ごとの成績にE評価が一科目でもあれば即、退学。また、同じ科目が二学期連続してＤ評価でも退学でした。

外国人にとっては、まず英語の講義についていくのが大変ですが、アメリカ人でも成績不良でドロップアウトする人は珍しくありませんでした。ですから講義のない土曜日や日曜日も、図書館で熱心に勉強する風土があります。

同じ時期に在席した日本人は私を含めて三人だけ、卒業できたのは二人でした。ただ、経営学部の方には大蔵省（現財務省）や通商産業省（現経済産業省）から若手官僚が何人か留学しており、日本語を話す機会は意外に多かったです。

また、ランゲージセンターにはアラブ諸国からの留学生が多くて驚きました。みんなオイルダラーの大富豪の子弟ですが、勉強よりも見聞を広めることが目的のようで、総じて勉強には熱心ではありませんでした。

さて、勉強は厳しかったですが、講義は楽しかったです。自分で言うのも何ですが、成績も悪くなかったと思いますし、日本でビジネスマンとしての経験もありましたから会社訪問もどんどん実践しました。おかげで在学中に幾つかの有名企業からスカウトされました。

コロンビア大学ビジネススクールのユーリス
ホール（キャンパスの真中にある）

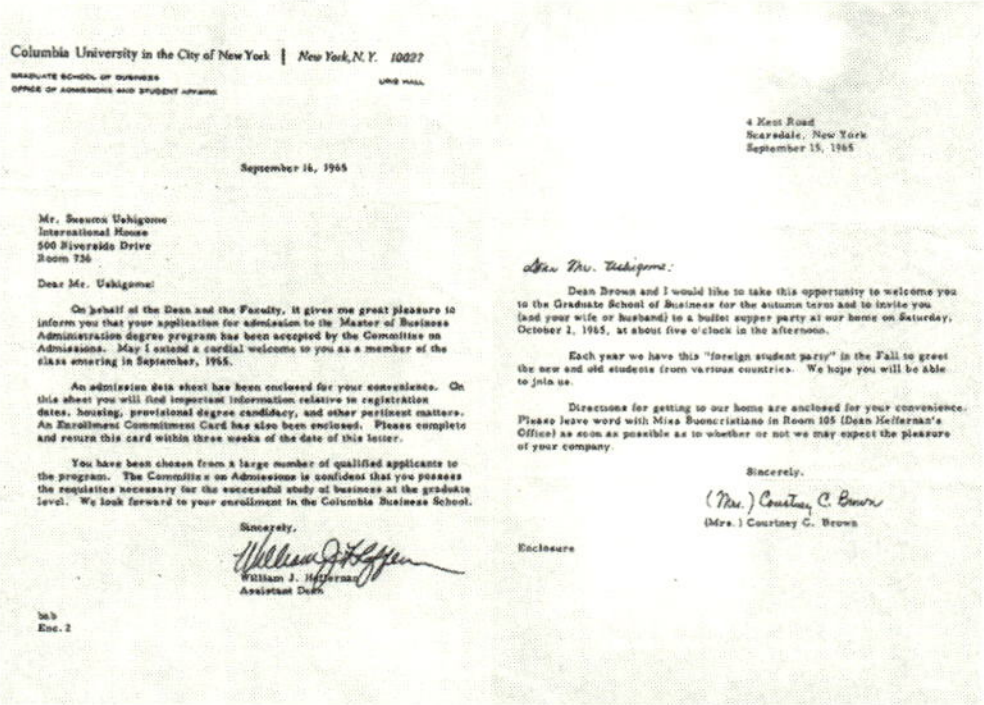

Columbia University in the City of New York | New York, N.Y. 10027

GRADUATE SCHOOL OF BUSINESS
OFFICE OF ADMISSIONS AND STUDENT AFFAIRS

URIS HALL

September 16, 1965

Mr. Sueuo Ushigome
International House
500 Riverside Drive
Room 736

Dear Mr. Ushigome:

On behalf of the Dean and the Faculty, it gives me great pleasure to inform you that your application for admission to the Master of Business Administration degree program has been accepted by the Committee on Admissions. May I extend a cordial welcome to you as a member of the class entering in September, 1965.

An admission data sheet has been enclosed for your convenience. On this sheet you will find important information relative to registration dates, housing, provisional degree candidacy, and other pertinent matters. An Enrollment Commitment Card has also been enclosed. Please complete and return this card within three weeks of the date of this letter.

You have been chosen from a large number of qualified applicants to the program. The Committee on Admissions is confident that you possess the requisites necessary for the successful study of business at the graduate level. We look forward to your enrollment in the Columbia Business School.

Sincerely,

William J. Heffernan
Assistant Dean

bab
Enc. 2

4 Kent Road
Scarsdale, New York
September 15, 1965

Dear Mr. Ushigome:

Dean Brown and I would like to take this opportunity to welcome you to the Graduate School of Business for the autumn term and to invite you (and your wife or husband) to a buffet supper party at our home on Saturday, October 2, 1965, at about five o'clock in the afternoon.

Each year we have this "foreign student party" in the Fall to greet the new and old students from various countries. We hope you will be able to join us.

Directions for getting to our home are enclosed for your convenience. Please leave word with Miss Buoncristiano in Room 105 (Dean Heffernan's Office) as soon as possible as to whether or not we may expect the pleasure of your company.

Sincerely,

(Mrs.) Courtney C. Brown
(Mrs.) Courtney C. Brown

Enclosure

合格通知（右）と学長主催パーティの招待状

ＭＢＡの評価の高さ実感

スカウトされた中には、プロクター・アンド・ギャンブル社やジョンソン・エンド・ジョンソン社といったグローバル企業もありました。

とくに、ジョンソン・エンド・ジョンソン社は日本進出を企図していたこともあり、熱心に誘ってくれました。結局、入社には至りませんでしたが、具体的な年俸も提示されましたし、スイスにある豪華な研修所で一年間の研修があるのも魅力でした。

ちなみに、当時アメリカのビジネススクール卒業者の初任給は、ハーバード大学で月給九百ドル、コロンビア大学やスタンフォード大学なら月給八百七十ドルと言われていました。

繰り返しますが、為替は一ドル三百六十円の固定レート、日本の大卒の初任給が一万二千円ほどだった時代ですから、単純計算で二十五倍以上の金額であり、ビジネススクールを卒業したＭＢＡ（経営学修士）はアメリカでもスーパーエリートだったのです。

よくアメリカは学歴社会の国と言われますが、このように日本人の私でもＭＢＡということで世界的な大企業から高く評価されたのですから、それが本当であることを実感しました。

実際、私が企業訪問等で出会ったビジネス界のエグゼクティブたちは皆「カレッジリング」と呼ばれる出身大学の指輪をしていましたし、名刺にも出身大学が印刷されているのには驚きました。

ただ、出自に関係なく誰もが実力次第でアメリカンドリームを実現できるというのは確かに事実ですが、反面、やはり家柄と言うか上流階級というものも存在し、大学の寮にも良家の子弟しか入会できない特別なクラブがありました。

もう一つ驚いたのは、アメリカがパーティ社会の国であるということです。アメリカ人のパーティ好きは有名ですが、パーティは彼らの社会生活で重要な一部なのです。

大学が学期間の休暇を迎えると、学生にも毎日のようにパーティのお誘いがあり、それは我々留学生に対しても同様でした。その席に海外の留学生を招待することが文化的名誉とされ、私もさまざまなパーティに積極的に出かけて交流を図りました。

クラスメートとコピー機製造のデニスン社を訪問（右から２人目）

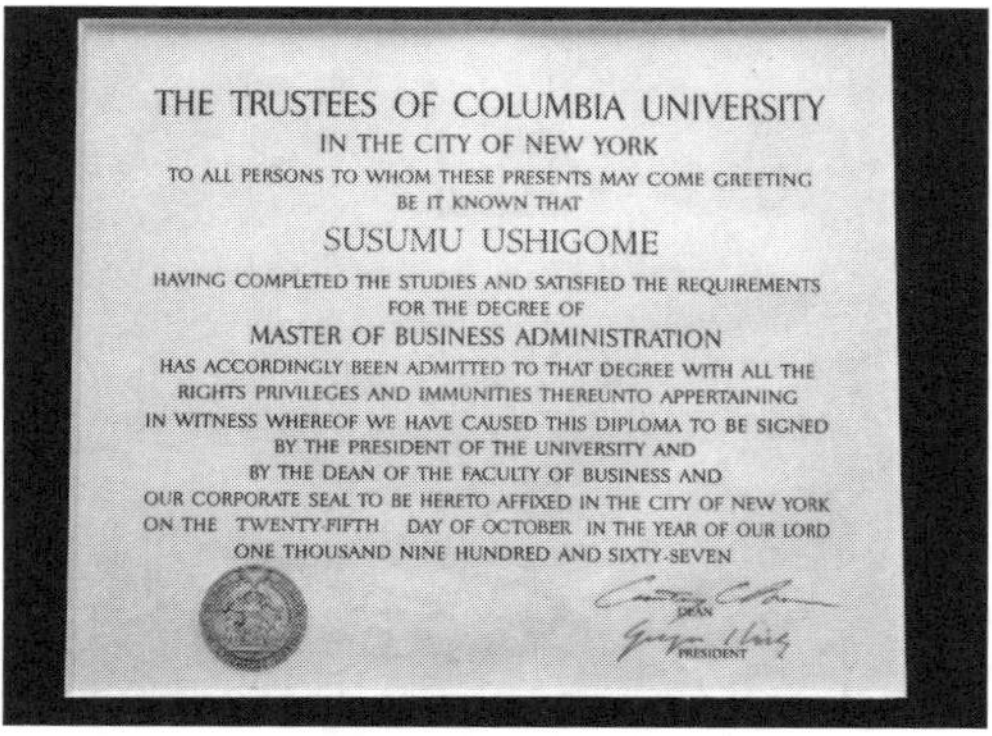

THE TRUSTEES OF COLUMBIA UNIVERSITY
IN THE CITY OF NEW YORK
TO ALL PERSONS TO WHOM THESE PRESENTS MAY COME GREETING
BE IT KNOWN THAT
SUSUMU USHIGOME
HAVING COMPLETED THE STUDIES AND SATISFIED THE REQUIREMENTS
FOR THE DEGREE OF
MASTER OF BUSINESS ADMINISTRATION
HAS ACCORDINGLY BEEN ADMITTED TO THAT DEGREE WITH ALL THE
RIGHTS PRIVILEGES AND IMMUNITIES THEREUNTO APPERTAINING
IN WITNESS WHEREOF WE HAVE CAUSED THIS DIPLOMA TO BE SIGNED
BY THE PRESIDENT OF THE UNIVERSITY AND
BY THE DEAN OF THE FACULTY OF BUSINESS AND
OUR CORPORATE SEAL TO BE HERETO AFFIXED IN THE CITY OF NEW YORK
ON THE TWENTY-FIFTH DAY OF OCTOBER IN THE YEAR OF OUR LORD
ONE THOUSAND NINE HUNDRED AND SIXTY-SEVEN
DEAN
PRESIDENT

私のＭＢＡ修了証書

交流で自分の世界が広がる

アメリカのホームパーティはほとんど毎週、たいていは土曜日の夜ごとに持ち回りで行われます。

そもそもアメリカの家が広いのは、ホームパーティを開催することを前提に設計されているためでしょう。ビジネススクールに入学後、学長だったブラウン氏の自宅に招待されましたが、四十人以上の同級生が一堂に会することができる広大な邸宅に驚いたものです。

さて、パーティの参加者は通常、夫婦七～八組といったところですが、彼らは同じ階層に属する者同士の集まりで、たとえば医者なら医者の、商社マンなら商社マンの家庭同士が集います。

こうしたアメリカ人の階級意識は強く、たとえばゴルフのカントリークラブも日本のようにビジターが簡単に入ることはできません。テニスクラブや、もちろん社交クラブも同様です。

またホームパーティの他にキャンパス内でのパーティも数多くありました。最も盛大に行われるのは、やはり学期ごとのハードな試験や論文を終えて一息つく頃、大ホールで開かれるダンスパーティです。

ビジネススクールの学生はスーパーエリートですから、彼らとの結婚に憧れる若いインテリ女性がニューヨーク中から集まったような華やかさを感じました。

このように、ニューヨークで充実した日々を過ごしましたが、今、実感するのは、大学や大学院に行くということはただ単に勉強することでなく、自分の世界を広げるものだということです。

早稲田大学にも天下国家を論じる憂国の士が大勢いて、名古屋工業大学を卒業したばかりだった私は感銘を受けたものですが、コロンビア大学のビジネススクールには「アメリカの、世界のリーダーになってやる！」という凄まじい気概とエネルギーを持った男たちが集まっていました。パワーエリートとはよく言ったものです。

実際、同級生の中には、後に世界最大の証券会社の社長にまでなった男もいますが、そんな連中との交友関係こそが、私のかけがえのない財産になりました。

コロンビア大学ビジネススクールのブラウン学長

ブラウン邸で入学祝いのパーティに招待される

知・仁・勇バランスよく植え付ける

ここで教育について日頃考えていることを述べてみたいと思います。

教育が大切なのは、言うまでもありません。学校の先生に頼るばかりでなく、家族、そして隣近所など周囲の人たちが、三位一体となって真剣に取り組まなければいけないと思っております。

立派な教育をするということは国家の発展のためには不可欠であり、それに取り組む姿勢は真剣でなくてはなりません。

幼少の頃は、脳は極めて柔軟であり、大人の目から見て難しいと思われることも案外問題なく受け止めることができます。従って零歳児から教育を始めることが大切だと思います。教育する上において、儒教で言う「知・仁・勇」をバランスよく植え付けていくことです。

人を動かし、人をリードするには「知も勇」もなければなりませんが、それにもまして慈悲心がなければなりません。人を動かすということは、結局のところ「人を愛する」という一つの形であると思うからです。

推理作家のレイモンド・チャンドラーが、著書『The Lady in the Lake』の中でいっている言葉があります。

「If I wasn't hard, I couldn't be alive. If I couldn't be ever gentle, I wouldn't deserve to live」（タフでなければ生きてゆけない。やさしくなくては生きている資格がない）

人生に潤いを持たせる為には重要な言葉ではないでしょうか。

脳の働きを高めるためには脳を練ることが重要であり、繰り返し、繰り返し行うこと、いわゆる有名な公文の学習法が大切ではないかと思います。

私が今、多治見市に働きかけているのは小学校で教科に囲碁を取り入れることです。全国でそれをしている学校が四十校ぐらいあると聞いています。

囲碁では先を読むことが必須です。一手ごとに先を読むことは、則ち脳を練ることです。囲碁は盤面が広く、隅々まで心を配る広い視野が必要です。その上、礼節を重んじ、勝負を通じて驕らず、相手を労わる気持ちが養われます。感覚的なテレビゲームと正反対なじっくり考える落ち着いた態度が培われます。

その上、子供の頃から意味がわからなくても「四書五経」を諳《そら》んじていたように、暗記することも脳の活性化には欠かせません。

日本棋院中部総本部での子供囲碁教室

米国社会のリーダー育てる学校

自発的に学習することが大切でありますので、勉強することができる環境作りが重要なことだと思います。ある時期が来たら、意識的に親離れ、子離れをすることが大切だと考えます。

アメリカに中高一貫の寄宿学校（ボーディングスクール）があります。アメリカ全土に中学校、高校を含めると、十一万六千校ありますが、その中でボーディングスクールは公立で三百六十校、全体の〇・三パーセントしかありません。私はこのボーディングスクールがアメリカ社会の屋台骨を支えていると思っています。

岬の突端や森の中、人里離れた場所にありますが、入学すること自体もなかなか難しいですが、入学すると決まった日時にしか親には会えません。

寮に入る時は、テレビゲームや自転車等は持ち入り禁止というかなり厳しい規則があります。

そして文武両道でありまして、勉強ばかりでなくて体力も鍛えられます。その為にキャンパスの中にはテニスコート、アメリカンフットボール場、プール、中にはゴルフ場まで整備されています。

先生はキャンパスの中の宿舎に寝泊まりして絶えず子供の相談に乗り、気を遣っています。

小さい時からアメリカ社会のリーダーになるべく、自覚を絶えず与えております。つまり騎士道の精神の植え付け、ノブレスオブリージュ（高貴さは義務を強制する。一般的に財産、権力、社会的地位の保持者には責任が伴う）という精神を植え付けていくことなのですが、アメリカ社会のリーダーを育てることを明確な目的としております。これは英国のパブリックスクール、例えばイートン校も同様であります。

面白い話があります。オックスフォード、ケンブリッジの学生は遠くからでも判るというのです。それは、背が高く、がっしりしているからだと云います。

日本にも海陽学園ができましたが、子供の頃からそういう自覚と修身のような教育をしっかりやっていくべきだと思います。その国の発展は教育において決まると言っても過言ではありません。それは会社等あらゆる組織についても同じであります。

ボーディングスクールの一例

短所直すのではなく長所引き出す

吉田松陰がなぜ皆に慕われ、今もなおその教育法が語り継がれているのかを安藤優一郎氏の『吉田松陰「留魂録」』からご紹介したいと思います。

松陰は松下村塾の教育を通して、数多《あまた》の門下生を育てました。その死後、遺志を継いだ久坂玄瑞や高杉晋作たちが尊王攘夷運動に次々と身を投じていったことは、これまでの幕末史が明らかにしているところであります。それだけ、松陰に心酔していたのです。

なぜ、松陰はそれほどまでに青少年の心を摑《つか》むことができたのでしょうか。その教育法に秘密が隠されています。

松陰の教育は性善説に基づいていました。人間の本質は善であり、仁や義を先天的に備えています。誠をもってすれば必ず人間の心は動かすことができます。

そこには相手への絶対的な信頼がありました。短所を直すのではなく、その長所を引き出して伸ばしていく方針を採っていました。

どんな人間にも何らかの才能があり、それを引き出せば優れた人物になることができます。獄中での囚人教育などは、まさにその考え方に基づくものです。こうした点が門下生から慕われた最大の理由だったに違いありません。

松陰の門下生に対する態度は、非常に丁寧で優しかったそうです。講義も上座でするとは限らず、塾生が座っている間に入り込んでいきました。師弟というよりも同志として、ともに学び合いたいという気持ちが伝わってきます。

師匠であるからといって尊大な態度を取ることは一切なく、気さくな態度で接し続けました。

野外での教育も大きな効果がありました。教室を出て野外で過ごすことで、門下生との距離が縮まり、教育効果が増すと考えていました。

松陰は入塾希望者に対して必ず問いかけた言葉がありました。

「何のために学問をしたいのか」

その答えは「学者になってはいけない。人間は実行が第一なのである。書物などは心がけさえあれば、実務に服している間に自然と読めるようになる」でした。

言葉だけの教育者ではありませんでした。自分の主張を行動に移し、自ら実践してみせました。

萩市に現存する松下村塾

製鉄技術に迫る革新の波を知る

ビジネススクールを修了するに当たって、国際経営の最先端に触れて今度は自分自身が東京窯業の国際化に取り組むことで、世界のビジネスステージに打って出よう、自分と東京窯業の可能性にチャレンジしようという気持ちを強くしたのです。

帰国を前に、製造部長になった富田剛守さん、そして弟の力夫とともに十月いっぱいかけて、アメリカの主要な製鉄会社を視察して回りました。

中でも、ペンシルヴァニア州西部のピッツバーグは、古くから製鉄業が発展した「鉄鋼都市」として名高く、〝アメリカのバーミンガム〟とも呼ばれたものです。かの鉄鋼王、アンドリュー・カーネギーが創設したカーネギースティール（現USスティール）も、この地で誕生しました。

その後、アメリカの製鉄業は日本に押されて衰退。ピッツバーグもＩＴ産業と大学の街として生まれ変わりますが、まだ当時は「アイアンシティ」の威容を誇り、我々は製鉄業の方向性をリサーチすべく、ナショナル・スティール社やインランド・スティール社を視察したのです。

さらに私はロンドンに渡り、日本鋼管炉材製造所長から父の強い要望で昭和四十（一九六五）年に専務に就任していただいた若林明さんと合流して、耐火物大手のジェネラル・リフラクトリーズ社をはじめ、イギリス、フランス、ドイツなど欧州の主要な鉄鋼メーカーを回りました。

この視察旅行の間に若林さんから日本国内の鉄鋼業に関する報告を受け、製鉄技術の革新の波が押し寄せていることを知りました。

ほぼ三年ぶりに祖国の土を踏んだのは、昭和四十二（一九六七）年十一月のこと。三十二歳になっていました。いきなり営業本部長という大役を仰せつかりました。早速、約二カ月掛けて現状を分析し、当社がどのように進むべきか、営業本部長として何をすべきか、目標の設定等について纏《まと》め上げました。

社長に就任した時、経営計画を見直しましたが、それほど間違っていなかったと思いました。明治の元勲がそうであったように、三十歳にもなれば一人前だと感じたのでした。

若林明専務（左端）と欧州主要鉄鋼会社を訪問

勇気と挑戦のDNA

新製品群の成功で財務体質向上

今だからお話ししますが、昭和四十二（一九六七）年末に米国留学から戻ってきましたが、東京窯業に対して感じたのは「これでは、会社じゃない」という苦い思いでした。

父が管理部門を任せきりだったのをよいことに、会社の金を使い込んだり、業者からリベートを取ったりと会社を私する者がいました。ばれないように仕事は一人で抱え込んでいたわけですが、それなりに有能であり、父への報告も上手に帳尻を合わせていたのです。

また、任された者の中には己の力を錯覚してしまう者もいました。グループ会社の経営管理を任されてその町の名士に祭り上げられ、仕事そっちのけで地元の顔役を引き受けた挙句、社に籍を置いたまま別会社を興してしまった者までいたのです。

もともと父の企業経営とは、製品の開発と製造および営業であり、あれだけ資金繰りに苦労したにも関わらず、管理部門には呆れるほど無頓着だったのです。

何度も経営危機に直面し、人員整理も一度ならず断行せざるをえませんでしたから、間接部門の採用には消極的でまた人事異動もありません。経理でさえ完全に任せっきりだったのですから、当然の成り行きとして会社の台所を預かる管理部門が膿《う》んでいきました。

結局、うまくいかずグループ会社からも去る羽目になりましたが、実は父は、彼らの所業《しょぎょう》に気づかなかったわけではありませんでした。全体として、うまくいっているなら、多少の悪事には目をつむったとでも言いましょうか。喩《たと》えるなら、田沼意次のごとく清濁併せ呑む主義だったのかもしれません。

逆に私はつねに身辺をきれいにと考えるタイプで、借金も生理的に嫌です。そんな私が帰国した頃の当社は、ただでさえ年商を超える額の借入金を抱えていたわけで、帰国直後から社内の規律を正し、管理体制の確立に乗り出したのは当然と言えるでしょう。

そして、こうした動きと技術革新に対する新製品群の開発の成功が有機的に結合したことで、財務体質が飛躍的に向上しました。

帰国して営業本部長に就任

溶鋼から半製品まで一気に造る

昭和四十二（一九六七）年三月、日本鋼管鶴見製鉄所が国内初の幅広スラグ用マンネスマン式連続鋳造設備を稼働させました。さらに、富士製鉄（のちの新日本製鉄）が全面的に連続鋳造を導入する画期的な大分製鉄所の建設計画を発表するなど、以後わが国の鉄鋼業界は技術革新が急速に進み、東京窯業でも、これに供する耐火物の開発が急務となります。

何しろ、この製鋼の技術革新は、東京窯業の主力製品であるストッパーやノズル、スリーブ、さらには注入管や分岐管、湯道煉瓦さえ全く必要としなくなってしまうのです。

これら造塊用煉瓦の市場の消滅は、そのトップメーカーである東京窯業の存在理由すら危うくする……生き残りをかけた、新たな闘いへの決意を胸に視察旅行から帰国します。

昭和四十年代のわが国の製鉄業界において急速に推進された技術革新の象徴である連続鋳造法について、ここで紙面を割いてご説明しようと思います。この製鉄の技術革新は、当時の私どもの存在理由すら危うくするほど大きな変革の波だったからです。

まず、製鋼の歴史という観点から見ますと、一九六〇年代までは溶鋼を鋳型に流し込んで、それが自然に冷えて固まった鋼塊（インゴット）を均熱炉で再加熱して圧延機で伸ばし、スラブやブルーム、ビレットといった半製品を造っていました。

これを「造塊法」と呼びますが、一旦、冷却したインゴットを再び加熱するのですから、熱効率はよくありません。なお、スラブとは巨大な板状の半製品の呼称。ブルームとビレットは断面が正方形の半製品で、前者は百六十センチ角以上のサイズのもの、後者はそれ以下のものの呼称です。

さて、連続鋳造法とは、ひと言で言えばこの鋼が冷えて固まる造塊工程を省いて、溶鋼から半製品までを一気に造ってしまおうというものです。一九四〇年から実用化試験が始まり、一九五〇年代前半から鉄鋼先進国だった欧米の各企業で、さまざまな方式が試みられていました。

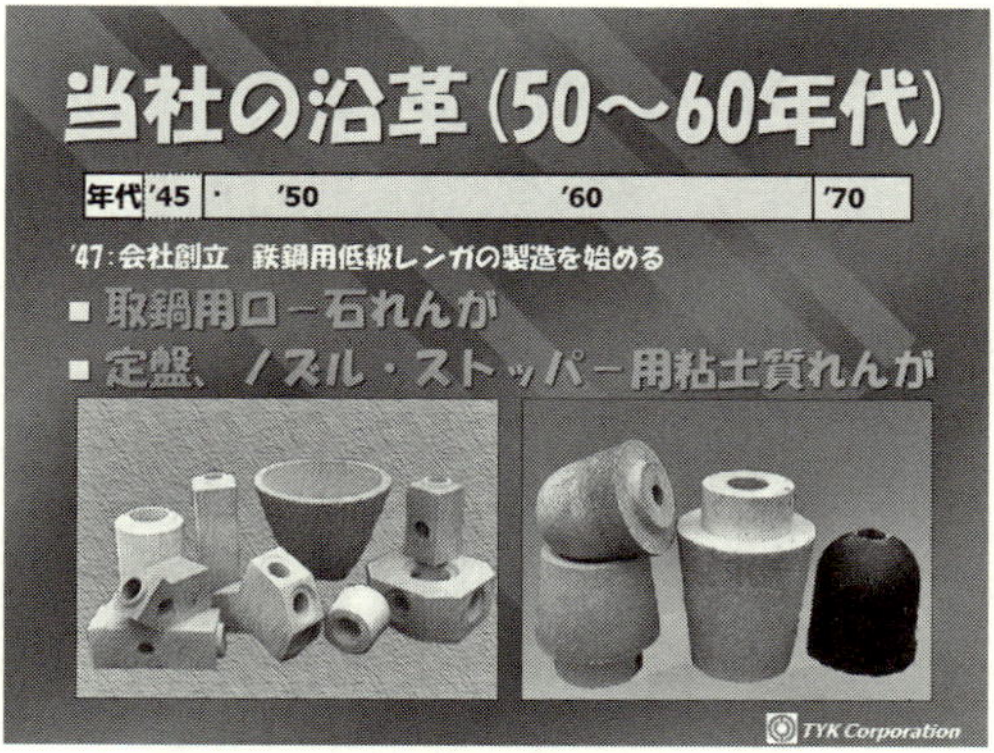
当社の沿革（50～60年代）
年代 '45 · '50 '60 '70
'47：会社創立　鉄鋼用低級レンガの製造を始める
■ 取鍋用ロー石れんが
■ 定盤、ノズル・ストッパー用粘土質れんが
TYK Corporation

鉄鋼の技術革新

独自のスライディングゲートが急務

連続鋳造法には造塊法で必要な押湯がなくなりますし、インゴットの頭部や底部を切り捨てるロスも生じません。また、冷却速度が速くなるので偏析も少なくなりますし、指向性凝固のため気泡や収縮孔、非金属の介在物などの不良品が減少しますから、歩留まりも品質も大幅に向上します。さらに、省エネにもなるといいことづくめです。

ただし東京窯業にとっては、取鍋煉瓦を除く主力製品の市場そのものが消滅してしまうことになるわけで、まさに死活問題でした。

連続鋳造法という製鋼の技術革新の巨大な波は、わが国にも確実に押し寄せようとしていました。

そして、この連続鋳造法の時代を担う新しい耐火物も登場しました。連続鋳造作業をより安全に、より確実に行ない、作業環境の改善と省力化を図るスライディングゲートシステムです。

これは溶鋼の流出、遮断を従来のノズル・ストッパー方式でなく、取鍋の底に設けたスライド煉瓦の開閉によって制御するもので、歴史的には明治十七年に考案されていたのですが、当時は適する耐火物が存在せず、理論の域にすぎませんでした。

それが昭和三十年代半ばになって、西ドイツ（現ドイツ）で実用化実験がスタートし、いち早くスイスのインターストップ社やメタコン社が実用化に成功したのです。日本でも東芝炉材（現コバレントマテリアル）が住友機械（現住友重機械工業）とともに、インターストップ社との技術提携による製品の国内製造販売を開始するなどの動きを見せていたのです。

スライディングゲートシステムへの切り替えが進めば、東京窯業の主力製品の必要がなくなってしまうという非常事態が、目前に迫っていたのです。

生き残りへの課題は多く、何より先発他社のように海外の技術に頼るのでない、独自のスライディングゲートシステムの開発が急務でした。

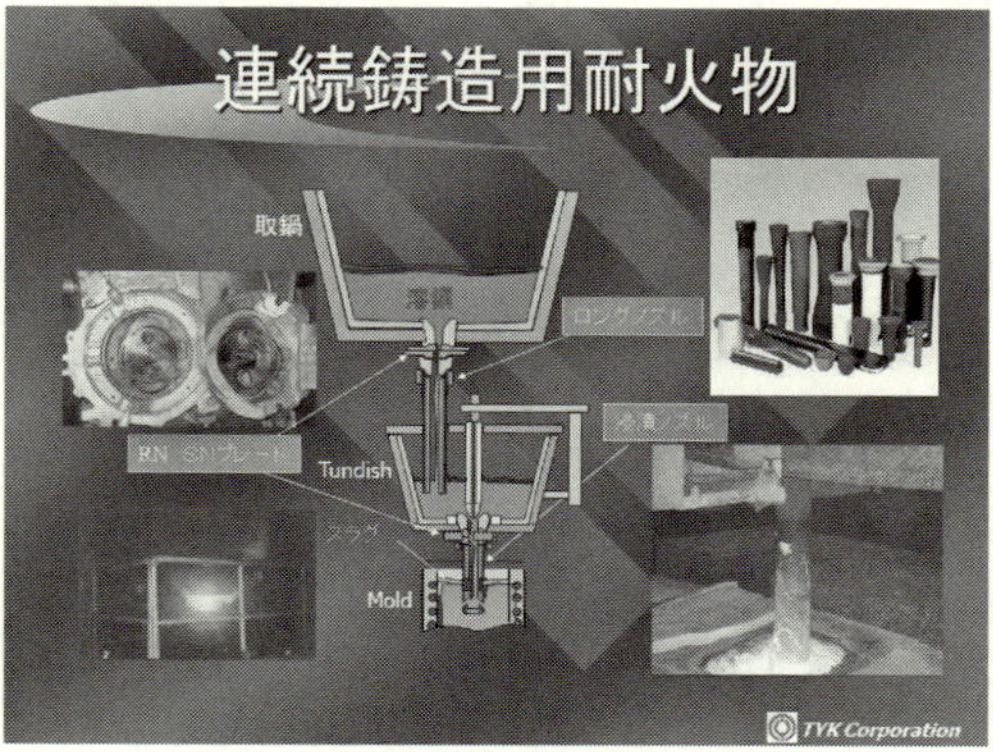

連続鋳造法

独自開発に会社の命運掛ける

とてつもない危機感を胸に米国留学、欧米視察から帰国した私はその足で直ちに緊急会議を開き、独自製品の開発に会社の命運を掛けることを提言して賛同を得ますが、その席上で出たのがロータリーノズル方式の実用化でした。

これは日本鋼管が昭和三十七年九月に発案された方式で、翌年九月に特許登録されていた日本で最初のスライディングゲートシステムだったのです。

ちなみに、開発には小麦を挽く石臼からロータリーノズル方式の着想を得たとの逸話が残っており、まさに自由かつ旺盛な好奇心が発明の糸口となる好例でしょう。

日本鋼管が出願人となって特許登録されていたロータリーノズルとは、その名の通りロータリー（回転）式のスライディング（摺動）ノズルです。

実は特許申請に際して日本鋼管川崎製鉄所の転炉で予備テストを行なった時、発案者の依頼で当社の富田剛守さんがテストに使用する耐火物を試作して提供しており、日本鋼管を担当していた私にも覚えがありました。

さて、ロータリーノズルの特徴は、インターストップ社やメタコン社の製品が一つの孔の固定盤に対して一つの孔を持つスライド盤を前後に往復摺動させるのに対し、固定盤に沿ってスライド盤が回転摺動することです。

これは流量制御能力に勝ると同時に、往復よりも回転の方が摺動距離が長くなりますからスライド盤の多孔化を可能としました。つまり、多数回使用、長時間使用にも有利に働くという優れものだったのです。

このように、既存方式に比べ多くの利点を持つロータリーノズル方式ですが、なぜか日の目を見ることのないまま眠っていました。その間に当の日本鋼管では、品川白煉瓦（現品川リフラクトリーズ）がメタコン社の往復摺動方式のスライディングノズルの技術説明を行っていたのです。

このことを知った私が急遽、日本鋼管の技術部を訪れたことは言うまでもありません。他ならぬ日本鋼管が特許を有するロータリーノズル方式の長所と可能性を説き、実用化に向けて共同研究させていただくことを強く申し出たのです。

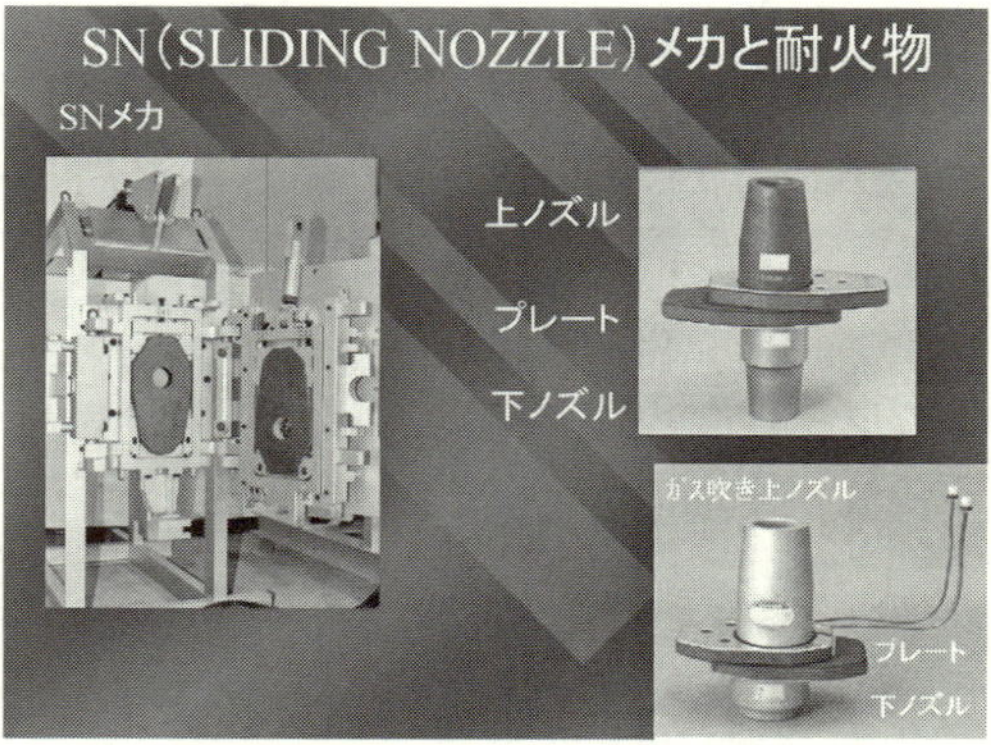

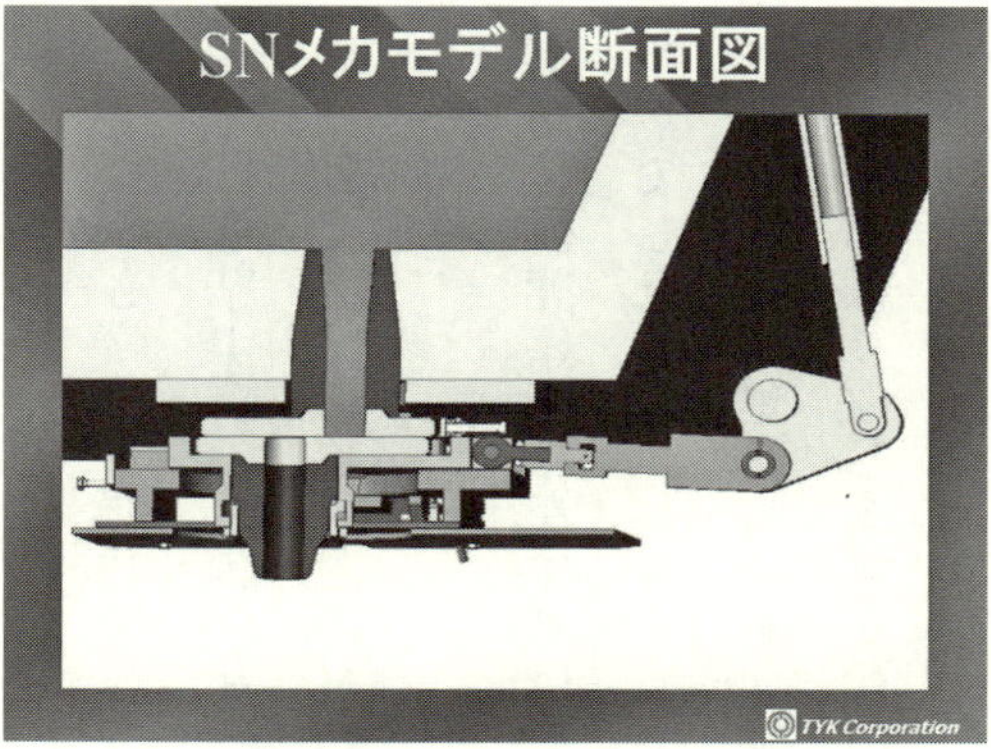

スライディングゲートシステム

日本鋼管説得して開発の機運

ところが、日本鋼管の最初の対応は素っ気ないものでした。無理もありません。東京窯業はあくまでも定盤煉瓦に代表される粘土質の低級煉瓦メーカーであり、連続鋳造用の高級耐火煉瓦は、この分野で実績ある東芝炉材が海外技術と提携した製品を持ち込んでいたのです。

いかに自社の特許とは言え、これから実用化研究に入らなければならない耐火材料が比較検討の対象にならないのは当然でした。

私は必死に食い下がりました。日本鋼管にとっては単なる一耐火物資材に過ぎないロータリーノズルも、東京窯業にとっては、繰り返しますが死活問題だったのです。

まして、東京窯業という社名は伊達に付けたものではありません。創業者である父、牛込幸一の志の大きさの現れであり、誰一人としてこのまま需要の先細りが確実な低級煉瓦メーカーに甘んじ、先発の高級耐火物メーカーの後塵を拝するなど微塵もなかったのです。

まさに今、第二の創業期とも言うべき大きな勝負どころ、ここで引き下がるわけにはいきません。

思えば、二十歳で牛込製粉工場を創業して高炉の樋材の原料となる粘土粉末の事業を興した父も、ただ熱い志ひとつで日本鋼管の前身である浅野造船所製鉄部の所長だった大物、大村正篤さんの懐に飛び込みました。

当時の私の思いと行動も若き日の父と同じであり、これこそが当社の「勇気と挑戦のＤＮＡ」の原点なのです。

それから二カ月の間に私は二度にわたって日本鋼管を訪れ、他ならぬ日本鋼管自身が考案した特許品であることと海外の他社方式と比較して理に適い、優れていることを訴えました。

この時期、日本鋼管は福山製鉄所の第二期工事を完了し、引き続き大型スラブ用連続鋳造設備の導入を目玉とする第三期工事に着手するなど昇竜の勢いで生産規模を拡大しており、これまでの貢献を高く評価された東京窯業も表彰を受けました。

そして日本鋼管の内部でも、連続鋳造化の促進の方針を背景に、独自のスライディングゲートシステム開発への機運が生じたのです。

退職後に父と北海道を訪れた大村正篤さん（右）

ロータリーノズルで共同研究契約

　再三の申し出が受け入れられ、昭和四十三（一九六八）年四月、日本鋼管と東京窯業は正式にロータリーノズルに関する共同研究契約を交わしました。

　こうして、当社がスライディングゲートシステムに使用される耐火物の開発を受け持って、まさに社運を賭けた研究がスタートした年。高度経済成長を謳歌する日本のＧＤＰは西ドイツを抜き、ついに世界第二位に躍進します。

　この年の鉄鋼の生産実績も世界第三位にランクされ、輸出品目ではトップ。とくにアメリカ向けは最高潮に達して輸入制限の動きが出るほどでした。

　七月から自主規制を行いましたが、すると今度は世界的な鉄鋼不足からヨーロッパ向けの輸出が拡大するなど活況が継続。耐火煉瓦の輸出量も四十年度からの五年間で、一七〇パーセント近い伸張を示しました。

国際市場に進出した日本の鉄鋼業界は、当然競争を優位に戦うことを指向しますが、この点で連続鋳造によるコスト削減効果は大きく、一つの製鉄所が全面的に導入すると必要なエネルギーは三分の一、労働力は何と五分の一になると試算され、その効果は生産規模が大きいほど高まるのです。

なお、生産規模の拡大と言えば、昭和四十五（一九七〇）年に八幡製鉄と富士製鉄が合併し、新日本製鐵が誕生することになります。

とは言え、日本の製鉄業界が一度に、全面的に連続鋳造を導入したわけではありません。たとえば日本鋼管でも、福山製鉄所では粗鋼年産八百万トンをめざす第三高炉の完成と、それに伴う従来の造塊法による増産体制の実現が翌年夏に迫っていました。

当時の東京窯業グループの生産能力ではフル操業を重ねても現状への対応が精一杯であり、まして近い将来にニーズの激減が明らかな定盤煉瓦のためにこれ以上の設備投資は無謀でした。

しかし、供給責任を己の使命と課す父は「やらないわけにはいかん」と、関係会社として明智耐火煉瓦（現明智セラミックス）、小畑地区の用地に定盤煉瓦専門工場（小畑第二工場）の新設を決定。大きな犠牲を覚悟しながら、最大の顧客との良好な関係維持に努める決断をしたのです。

大阪万博の賑い（昭和 45 年）

ハイアルミナ系煉瓦の自信作完成

東京窯業にとって社運を賭けた研究がスタートしたロータリーノズルですが、その歩みは決して平坦なものではありませんでした。

まずはレシプロ（引き出し）方式の試作とそれによる鋳込実験を、日本鋼管の川崎技術研究所で昭和四十四年六月にスタート。ほどなく手動のロータリー方式による実験に進みました。

また、独自に名古屋市の利川製鋼に依頼して十五トン取鍋での試験も繰り返しましたが、従来の材料によるプレート煉瓦では孔の溶損が大きく、主原料となるアルミナ系煉瓦の製造技術の確立から地道な努力を一歩ずつ積み重ねていったのです。

ちなみに先行するライバル各社は海外技術を輸入して、すでにアルミナ含有率七〇～九〇パーセントの耐火物を販売していました。しかし、我々は単に既存の技術を導入することを潔しとせず、自ら苦労して獲得してそれらに勝る独自製品の開発を志したのであり、これも当社の持つ重要なＤＮＡと言えるでしょう。

ハイアルミナ系煉瓦の自信作完成

そして、ようやく翌年八月にアルミナ含有率七五パーセントというハイアルミナ系煉瓦の自信作『ＭＡ３』が完成しました。

早速、日本鋼管の京浜製鉄所で百四十トンの平炉の取鍋を使用した現場テストがスタートし、年末までに十九回のテストと改良を重ねて平炉での普通鋼の溶鋼制御において十分、実用に足ることを実証したのです。

この結果、ロータリーノズル方式の実用化への手応えをつかんだ日本鋼管は、昭和四十五年に実施権契約を締結します。研究は同社水江製鉄所の四十トン電気炉を使った特殊鋼（ステンレス）の工場鋳込実験に進み、水江側の全面的な協力も得て、着実に進展するかに思われました。

昭和四十六年初頭に日本鋼管の福山製鉄所第二製鋼が、スイスのインターストップ方式を採用したことを知らされて、切歯扼腕《せっしやくわん》したのも束の間。追い討ちをかけるように、第一製鋼でも翌年を目途にインターストップ方式の採用が決定したという情報が伝えられたのです。

旧大畑公会堂の建物を移築した試験室で開発は
進められました

瀬戸際の危機感に突き動かされる

ロータリーノズルは未だ実用化試験の最中であり、先行していた海外技術の先発を許す結果となったのはやむを得ませんでしたが、苦心の末にほぼ完成していたこの時点で翌年の第一製鋼まで押さえられては進路を断たれます。

四月。追い詰められた私は必死の思いで単身、福山製鉄所を訪ね、常務取締役製鉄所長の山下伸六さんと会見して直訴したのです。

「ロータリーノズルは他ならぬ日本鋼管の特許品であり、弊社と共同開発を進めているのはご存知のはずである。第二製鋼には間に合わなかったが実用試験も良い結果が出ており、ぜひ来年の第一製鋼では、他社品でなくロータリーノズルの採用をお願いしたい」

一資材メーカーが製鉄所長に対して直接ものを言うなど、ありえないことでした。あまつさえ製鋼工場長が決定した事項を覆すべく、その上司のもとに乗り込んだのです。

非礼は百も承知でしたが、当の日本鋼管が採用してくれなければロータリーノズルが売れるはずがなく、私どもに明日はありません。まさに瀬戸際の危機感に突き動かされた私の直訴は、東京窯業にとって大きな転機となったのです。

そして、この二年後に日本鋼管の副社長となられる山下さんもまたべらんめえ調の口の悪さには定評がありましたが、器の大きい公正な方でした。

日本鋼管とのロータリーノズルの共同開発は京浜製鉄所水江地区で急ピッチで進められましたが、そこで日本鋼管側の責任者として改善・改良にご尽力いただいた方が、当時の製鋼工場長で後に専務になられる田中駿一さんです。

もちろん東京窯業の技術陣も、主原料のハイアルミナ系煉瓦『ＭＡ３』を大きく進化させた『ＭＡ６』を短期間のうちに開発するなど獅子奮迅の活躍でしたが、田中さんが一緒になって細部を詰めてくださったからこそ、昭和四十七年三月の福山製鉄所における二百四十トン転炉の連続鋳造試験を見事クリアすることができたのです。

ロータリーノズル実炉でのテスト

新しいステンレス精錬の時代へ

先行していた他社方式を覆して採用が決定。第一製鋼には、昭和四十七年三月中に二十二基のロータリーノズル「ＨＡ―６」が取り付けられました。

私の「直訴」で決定を覆す形になってしまったわけで、福山製鉄所の幹部の皆さんの覚えは悪かったのですが、採用後は非常に高い評価をいただきました。そして翌秋に竣工予定だった第三製鋼への採用、さらにすでに他社方式で稼働していた第二製鋼でもロータリーノズルへの切り替えが決定しました。まさに大逆転で、完全な勝利を収めることができました。

他社方式でスタートした日本鋼管が自ら当初の決定を覆して採用したことで、ロータリーノズルの評判はうなぎ上りに高まり、以後二年足らずの間に住友金属工業（現新日鉄住金）や川崎製鉄（現ＪＦＥスティール）をはじめ、国内の主要十五社が採用することになります。

ところが、また新たな技術革新の波が押し寄せました。

ステンレス精錬を、従来の電気炉でなく取鍋精錬炉で行うという革新的な技術が近い将来、日本の全特殊鋼メーカーで導入されることになる。そんな衝撃的な情報が、川崎製鉄西宮工場の製鋼課長で、後に常務になられる岩岡昭二さんから、もたらされたのです。

新しいステンレス精錬は、またしても東京窯業にとって死活問題となる大きな技術革新の波でした。西ドイツのヴィッテン社が開発したこの新しい精錬法は、取鍋に塩基性の煉瓦を使用するためジルコン質煉瓦は使われなくなってしまうのです。

そして、この特殊鋼向けのジルコン取鍋煉瓦こそ当時の私どもが市場を独占していたドル箱であり、多治見工場の生産量の実に三〇パーセント以上を占めていました。

ヴィッテン法導入の情報をいち早くもたらしてくださった岩岡さんは「塩基性煉瓦に挑戦するなら研究してみなさい。もし西ドイツに行く必要があれば、先方に紹介する」と言ってくださいましたが、私どもは塩基性煉瓦と言われてもわずかにメタルケースの不焼成煉瓦を月産数トン製造していただけで、最新の技術など全く持ち合わせていませんでした。

当社の高級耐火物商品群

新精錬法で全く新しい商品開発へ

あちこちの文献に当たりますと、マグネシアとクロム鉱石を高温で焼成したダイレクトボンド煉瓦が、電気炉で非常に良い成績を収めていることが判明しました。しかし英国で開発されたこのダイレクトボンド煉瓦は、ちょうど昭和四十四年から国内のライバル二社が販売を開始していたのです。

製造部長の富田剛守さんは、ヴィッテン社の日本代理店の松坂貿易（現マツボー）の現地駐在員だった山本孝さんの案内で同社を訪れ、ヴィッテン法の考案者の一人であるＪ・オットー博士に面会しました。

博士は富田さんを製造現場に案内して、帰りには「同じ塩基性煉瓦でも、ドロマイト系よりマグネシア・クロム系の方が良い」と、マグクロ煉瓦の見本を手渡してくれました。

富田さんを中心に研究開発がスタートしました。富田さんは開発の第一歩となるマグネシアの仕入れでつまづいていました。主原料となる海水から製造した高純度の焼結マグネシアクリンカーを、宇部化学工業（現宇部マテリアルズ）に発注したものの何の音沙汰もなく、やむなく同社を訪れると「出荷できない」と言われたのです。

先方の言い分はこうでした。

「貴社が塩基性煉瓦に進出しても、その販売先が他社と同じである以上、当社のマグネシアの出荷量は変わらない。ならば、従来の顧客の競争相手はつくりたくない」

富田さんは感情を抑えて切り出しました。

「ヴィッテン法という、新しい精錬法をご存知ですか？」

「さあ、知りませんね」

あくまでも素っ気ない態度でしたが、特殊鋼の精錬の技術革新により我々が全く新規の商品開発を目指していることを知ると、興味を持って質問されました。

「その新商品の必要なマグネシアの量は？」

「少なくとも、月五百トン」

咄嗟に口から出た数字でしたが、先方はしばし黙考《もっこう》してから「出荷しましょう」と約束してくれたのです。

なお余談ですが、海水マグネシアは奇しくも名古屋工業大学での卒論テーマであり、塩基性煉瓦の研究開発に、二十数年ぶりに役立つことになりました。

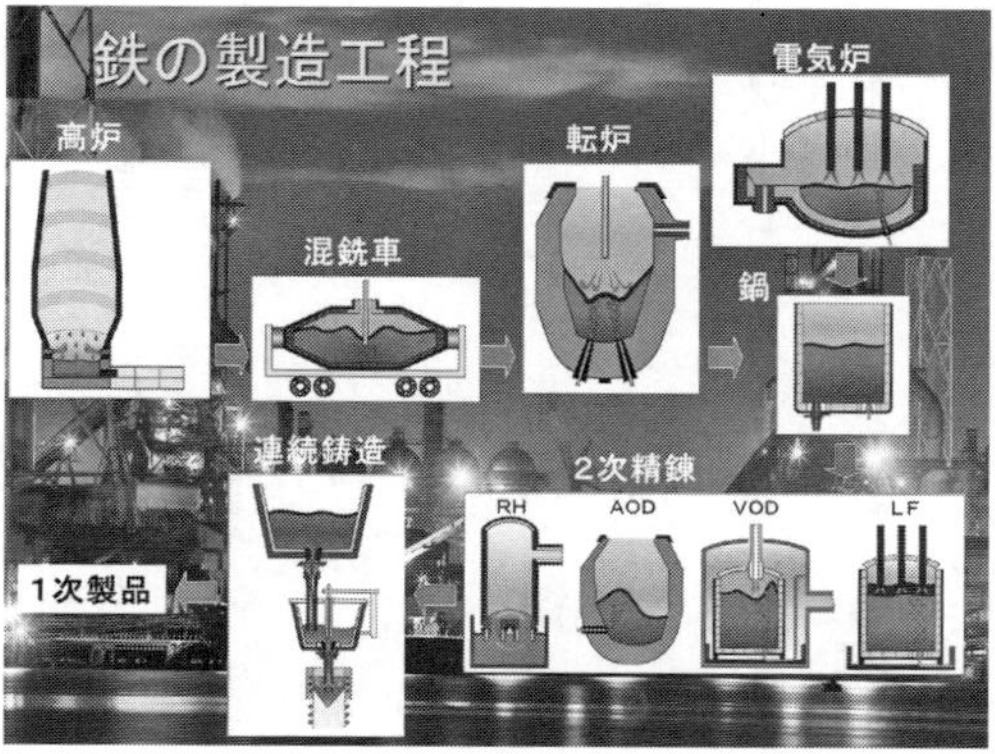

鉄の製造工程

性能や品質に明確な差が必要

もう一つの基本原料であるクロム鉱石の入手にも、ひと苦労ありました。クロム鉱石は、塊状《かいじょう》で輸入したものを粉砕して使用するのが一般的でしたが、もちろん東京窯業には粉砕の専用設備などなかったのです。

そこで、日商岩井に相談すると、旭硝子がフィリピンから『マイナス・テン』と呼ばれる一〇メッシュ（一インチあたりに網の目が十個ある篩《ふるい》を通過する細かさ）のクロム鉱石を輸入していることがわかりました。

少し分けてもらってテストしてみると、十分に使用可能なうえ予想以上に安価だったのです。また、使用量が少ないという問題も、旭硝子が輸入するのに合わせて上乗せしてもらう手はずを整えました。

原料の手配はできました。成形はさほど難しいものでありません。残る問題は焼成窯でした。というのも、ダイレクトボンド煉瓦の製造にはどうしても千七百五十度から千八百度での高温焼成が必要ですが、当社の窯の焼成温度は最高で千六百五十度に過ぎなかったのです。いえ、当時は全国的にも千七百五十度が精一杯でありました。

方々に手を尽くして調べているところに、土岐市の日本セラミックスが、焼結ムライト原料の製造のための超高温トンネル窯を建設したとの情報が飛び込んできました。

他にあてはありませんから富田さんらが日参してお願いし、結局、まだ販路開拓はこれからだった同社の焼結ムライトを東京窯業が購入するという条件で、ようやく承諾を得たのです。

日本セラミックスの高温トンネル窯は、最初は一週間かけても千七百八十度までしか上がりませんでしたが、空気の吹き込み温度を上げることで千八百度に達し、川崎製鉄西宮に納入するテスト用の煉瓦が完成しました。

昭和四十五年に完成した、川崎製鉄西宮のヴィッテン設備でテストをすることになりました。西ドイツから技術者が来日して担当しました。さらに、川崎製鉄の子会社の川崎炉材でも同様の製品を製造しており、我々が競合を制するには、性能や品質に明確な差が必要だったのです。

現在の本部（下）と研究所（中央）、赤坂工場（左上）

耐用回数伸ばしても採算で課題

テストの結果、当社は川崎製鉄のヴィッテン設備用煉瓦の全量を受注することができたのです。他社製は千七百五十度前後での焼成と思われ、我々の千八百度での焼成による製品との差は明らかでした。こうして、上々の滑り出しとなった新開発のダイレクトボンド煉瓦の製品名を『ＳＵＰＥＲ―ＤＸ』と命名しました。

日本金属工業は、ヴィッテン法に代わり量産性の高いＡＯＤ法を導入する計画を立てておりました。

ＡＯＤ法とはアメリカのユニオン・カーバイト社（現ダウケミカル社）が開発したステンレス鋼の新しい精錬法で、炉底に近い側面から二重管でアルゴンと酸素の混合ガスを吹き込み、撹拌して脱炭を行うものです。

耐用回数伸ばしても採算で課題

ヴィッテン法と比較して耐火煉瓦の消耗が激しいため、川崎製鉄や日本冶金工業では採用されませんでしたが、日本金属工業は大量処理が可能なＡＯＤ法に着目しました。

開発したユニオン・カーバイト社でさえ小規模な実験炉しかなかったにも関わらず、この技術の導入を決定したのです。大胆にも相模原と衣浦の両工場に、一挙に実用炉を建設したことは今も業界の語り草です。

日本初のＡＯＤ炉のテストに合格したのは『ＳＵＰＥＲ－ＤＸ』ともう一社の製品でしたが、いずれも五回程度の耐用性しかなく、とても採算に合いません。その後、日本金属工業は世界中の耐火煉瓦を取り寄せてテストしますが、いずれも似たような結果に終わったのです。

当社は品質の向上を、より高温での焼成に求めました。そして徐々に耐用回数を伸ばして十五回にまで漕ぎつけましたがそれでも採算が合わず、技術部長

（後に社長）の佐伯達夫さんは、富田さんの顔を見るたびに「頼むよ。このままじゃ、俺は首だ」と訴えたそうです。

また、私が年賀の挨拶に訪れた際も、社長の宮代彰さんから開口一番「何とか良い煉瓦を造ってほしい」と懇請され、この耐火煉瓦を供給する我々の開発の成否が日本金属工業の運命さえ握っていることを実感して、身が引き締まる思いをしたものです。

AOD設備外観

ステンレス鋼の精錬炉

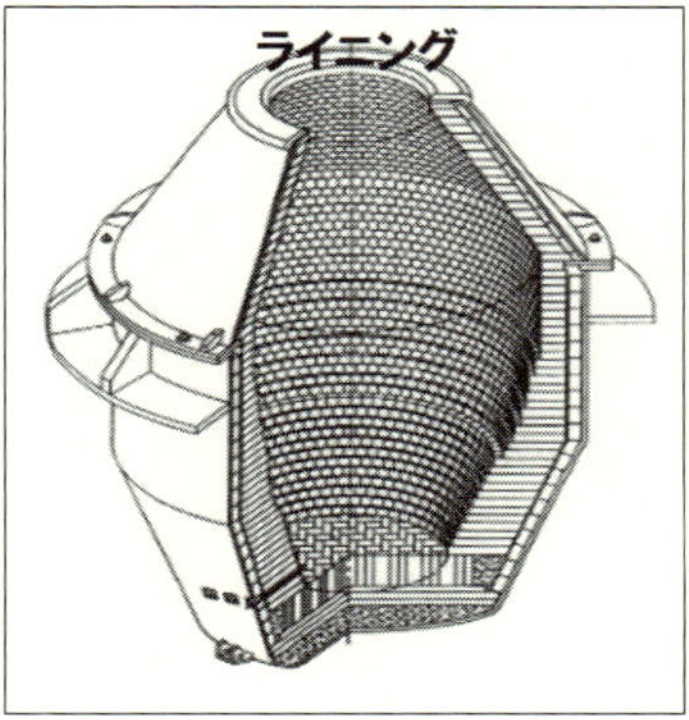

ＡＯＤ炉

世界初の超高温焼成炉の成功

ＡＯＤ炉用の耐火煉瓦『ＳＵＰＥＲ－ＤＸ』の耐用性をより向上させるため、東京窯業はさらなる高温焼成を追求しました。そして研究開発の結果、この問題はピクロクロマイト結晶が成生する千八百五十度という超高温焼成で解決する目途が立ったのです。

また、いずれにせよ川崎製鉄と日本冶金工業でヴィッテン炉用の『ＳＵＰＥＲ－ＤＸ』がすでに全量受注となっているのですから、この上、日本金属工業向けを加えた三社からの受注分を日本セラミックスの窯を借りて焼くことは能力的にも到底無理でした。

巨大な設備投資には慎重だった父も、お客様のことを考えると決意せざるを得ませんでした。

築炉は日本ガイシに依頼することにしましたが、最初は焼成温度が前代未聞の千八百五十度と聞いて躊躇されたものです。経験がないのはもちろん、そもそも千八百五十度での操業に耐える炉材が存在しなかったのですから無理もありません。

しかし、我々には秘策がありました。高アルミナ質の電融鋳造煉瓦を炉材に使用するのです。

こうして、日本初の超高温トンネル窯の建設が昭和四十六年十一月に着工し、翌年三月に待望の新トンネル窯が完成したのです。

千八百五十度という超高温での焼成を可能とした、日本初いや世界初の超高温焼成炉の成功は、まさに築炉から焼成監理まで日本ガイシと東京窯業がお互いのノウハウと知恵を出し合ってチャレンジした結果でした。

そして、この新トンネル窯完成の翌四月には、熱間曲げ強度が実に三〇パーセントもアップした『ＳＵＰＥＲ－ＤＸ』が、日本金属工業のＡＯＤ炉用に出荷されました。

操業方法も飛躍的に改善され、また煉瓦の形状や品質改良も重ねられて『ＳＵＰＥＲ－ＤＸ』は何と百回を超える耐用性を誇るようになりますが、その僅か一年ほど前には、世界中の耐火煉瓦が五回程度しかもたなかったことを思えば、まさに革新的な進化を成し遂げたものと自負します。

超高温焼成トンネルキルンの竣工式であいさつする父・幸一

世界初ラバープレス耐火物実現

　まさに企業の第二創業期を切り拓こうと燃えた、新たな世代の挑戦は、それにとどまりませんでした。あくなきチャレンジャーであり続ける当社のＤＮＡは、二つの画期的な新製品に加えて連続鋳造用「黒鉛―アルミナ質浸漬ノズル」という新製品を生み出していくのです。

　当時の浸漬ノズルは溶融シリカ質が主流でしたが、ハイマンガン鋼では溶損が大きいため寿命が短く、アメリカのベスビアス社が日本鋼管に黒鉛質の製品サンプルを持ち込みました。

　当初は、東京窯業も溶融シリカ質の製品を手がけていましたが、福山製鉄所の高野廣副所長の勧めもあり、このサンプルをご提供いただいて、独自の黒鉛質製品の研究開発を開始したのです。

研究開発の拠点は、グループの明知耐火煉瓦としました。理由は、すでに十五年ほど前から黒鉛坩堝の製造をしており、国内初のカーボンボンド黒鉛坩堝のメーカーとして市場を占有していました。黒鉛の使い方、とくに酸化防止の技術では、十分なノウハウの蓄積があったからです。

ただし、坩堝と比較して製品の強度、緻密度が桁違いでした。どこをとっても品質が均一で、これは成形時の加圧が均一であることを意味します。従来の油圧プレスでは無理、鋳込みも不可能でした。そこで注目したのが、粉末冶金で使われるCIP（コールド・アイソスタティック・プレス）でした。

これは水圧を利用して均一にプレスする技術ですが、実用化されているのは粉末冶金用の小型品で、浸漬ノズルのような大型品は茅ケ崎市のCIPメーカーである油研工業に問い合わせても、経験はありませんでした。

そこで、明知で試作した浸漬ノズルを茅ケ崎まで運んで同社の試験機で成形し、また持ち帰って焼成しては日本鋼管に持ち込んでテストする。これを半年ほども繰り返しました。

昭和四十六年秋に、世界初の浸漬ノズル成形用の大型ＣＩＰが完成しました。同時に工場も新設し、十一月に『ＩＳＯＴＥＸ－ＡＧ』の商品名で量産を開始しました。なお、これが、世界で最初にラバープレスで形成された耐火物であるのは言うまでもありません。

連続鋳造用「黒鉛－アルミナ質浸漬ノズル」の商品群

高級品メーカーへと大転換

三つの新製品は、まさに三本の矢として高級耐火物市場を席巻しました。あわや技術革新の荒波に飲み込まれかねなかった東京窯業を、鉄鋼新時代を支える存在へと、見事に変身させたのです。

よく私は「二代目らしくない」と評されますが、とくに米国留学から帰国後の約五年間は、全く新しい事業を新しい世代の仲間たちと立ち上げたようなものですから、そう思われる方が自然かもしれません。

とりわけ第二創業期の初期においては、その多くが母校である名古屋工業大学からまだ小さな当社に参画してくれた同志でありました。これから事業を継承しようとする若い皆さんにとっても、良い大学に進んで良い仲間たちと出会うことは重要であると言えるでしょう。

もっとも初期の数年間を除いて、採用に関してはむしろ母校や地元にこだわることなく、広く全国から公正に人材を募るよう心がけました。おかげで多彩な価値観、文化が集い、そんな彼らが昭和六十年代以降の第三期創業期において、積極的な海外展開の推進力となったのです。

忘れてはならないのは、これらの新製品は全てお客様とのコミュニケーションから生まれたという事実です。その最たる例が日本鋼管と共同開発したロータリーノズルであり、まさにお客様とこの上なく密着して開発されました。

とにかく、絶えずお客様とお会いすることがビジネスの基本であります。あなたが訪問しない日数の二乗に比例して、お客様との関係は疎遠になるのです。

これまでに当社六十年の歩みは、ほぼ二十年ずつ三つの時代に分けることができ、各々の時代がいわば第二、第三の創業期と言えるほど新しい、大きなチャレンジを成し遂げたというお話しをしてまいりました。

昭和二十二年からの二十年間は文字どおりの創業期であり、粘土質の煉瓦を中心とする低級品で伸びた成長期でした。そして次の二十年は、昭和四十年代前半の鉄鋼業界の技術革新の大波に一丸となって立ち向かい、高級品メーカーへと大転換を遂げた第二期創業期であり、大いに伸びた時代です。

社内幹部研修会での講話

国際化へ貴重な勉強重ねていく

昭和の終わりから平成二十年までは、まず第一に国際化に挑んだ時代と言えるでしょう。今日では世界八カ国に十五の拠点を有し、マルチローカルカンパニーを標榜するＴＹＫですが、その全てはこの二十年間で築いたものです。

昭和五十七年四月に米国ＴＹＫスワンク・リフラクトリーズ社（現ＴＹＫアメリカ）を設立しました。ちなみにスワンク社は古き良き時代のアメリカを象徴する耐火物メーカーで、同社の買収劇は我ながら唐突と言うか性急であり、社内でも「おい、スワンクを買ったぞ」「え、冗談でしょう」と誰も信じてくれなかったほどです。

一つには、スワンク社と言えば過去には世界一の造塊用の耐火物メーカーとして昭和三十年頃までは日本にも製品が入っており、すでに往年の勢いはなかったものの、いわば憧れのブランドだったことがあるでしょう。

だからこそスワンク社を手に入れたのですが、高級耐火物へのシフトの成功によって国内が絶好調だったからこそ、今のうちに何か新しい一手を打たなくてはならないという思いでした。

ただ、何よりも当時四十六歳と若く、アメリカの名門ブランドを買いたい一心でした。

買収に向けて最初に渡米したのは昭和五十七年一月で、ニューヨークにある持株会社D・W・ワイルダー・アソシエイツ社に単身、乗り込んで交渉しました。三月には当時の社長であり、TYKスワンク社の初代社長も務めてもらったジョージ・スミスさんの案内で、ヘリコプターに乗って五つの工場を見せられました。設備の老朽化が気にはなったものの、すっかり買う気だったのです。

最終的には翌月、ラージ工場とアルボナ工場の二工場を選択し、さらにスワンク社のグッドウィル（暖簾《のれん》）を含めて、約二百五十万ドルで買収しました。

自分では安い買い物をしたつもりでしたが、初の海外子会社であるＴＹＫスワンク社の経営は苦労の連続で、実は高い買い物だったと言うべきでしょう。しかし、決してムダになったわけではなく、むしろ国際化について貴重な勉強を重ねていくことになります。

ヘリコプターにてスワンク社の５つの工場を視察

海外子会社経営は試行錯誤の連続

ＴＹＫスワンク社の経営は今も試行錯誤の連続ですが、国際化を実戦で学ぶことができたのは当社にとって大きな財産と言えるでしょう。とくに労務ではユニオンがらみで苦労しましたが、経営者に関してもいろいろと苦労がありました。

まず初代社長はジョージ・スミスさんに続投してもらいましたが、彼はＤ・Ｗ・ワイルダー・アソシエイツ社の役員でもあり、アメリカの経営幹部らしく派手な男でした。高級住宅街に大邸宅を構え、名門社交クラブのメンバーになるなど地道に工場を回るような経営者ではなく、当社の社風と相容れずに結局、一年で辞めてもらうことにしたのです。

さらに次の経営者はある人物をヘッドハンティングしましたが、とんだ食わせ者で、一年後に契約を見直すということで話し合いましたが辞めさせるのも大変でした。

そのあと日本から当社のエースと言われる人達を派遣しましたが、言葉の問題もあってなかなか上手くいきませんでした。試行錯誤の上、現在は創業時から営業責任者であったカナダ人が社長を務めています。トロント大学出身の優秀な技術者であり、何よりも現場を見て判断する当社の社風に合っており、意気投合しながら仕事をしてもらってます。

さて、昭和四十四年九月に研究所を開設し、耐火物以外の新商品の開発にも着手しました。その成果は今日ファインセラミックスや金属マトリックス複合材、またアドバンスドカーボン材などの先端材料として芽が出ておりこれからが楽しみであります。新素材の研究開発は、人材の採用と育成という意味でも大きな役割を果たしました。

そもそも研究所は、研究補助員を含めて五十人体制という東京窯業にとっては分不相応な規模でスタートしました。

まさに人が企業を育てるということですが、その人を育てるのは仕事です。その意味でも会社や事業の規模を大きくすることは重要です。海外展開を積極的に進めたのも、多分に人材育成の意味合いもありました。

ＴＹＫスワンク社の創業時の幹部（右から４人目がスミス社長）

長男に確かな舵取りを期待

私は二代目でありながら、三十代半ばから鉄鋼業界の技術革新の荒波に揉まれて、まるで創業者のような仕事をしてきました。さらに、それに伴う海外展開の推進もあり、仕事上の人脈は父の代の十倍に広がったのです。

たとえば社長時代、百枚入りの名刺一箱を必ず二カ月以内に使いきることをノルマとしていました。ビジネスではたくさんの人に会うことが大切ですが、名刺を使うコツは同じ人に会う場合も、最初のうちは挨拶する度に渡すことです。お客様はなかなか顔を覚えてくれないものですが、これを何度か繰り返せば忘れられなくなるでしょう。

またこれは海外の顧客に対してですが、クリスマスカードを毎年五千通ほど送りました。メッセージは印刷しますが、内容はありきたりな挨拶でなく、現在の経営環境や経営の在り方について書くよう心がけており、十月頃から考え始めるのが年中行事となっていました。これに自筆のサインを入れて送るのですが、楽しみにしてくださる方も多く、中にはずっとファイリングしてくださっているお客様もおられます。

さて、一般的な二代目でなく「一・五代目」を自称する私は、厳密には父からの「事業承継」も経験していないと言えます。むしろ、私の長男の伸隆こそ「二代目」であり、その社長就任はまさに事業承継でした。

伸隆は元々自治省（現総務省）の役人であり、一時は政治への志も持ったようですが、結局、平成九年にＴＹＫに入社。平成十七年六月に社長に就任しましたが、変化の時代である二十一世紀の経営者にはより一層のパイオニア精神が求められます。これは役人の気質とは大きく異なりますから、苦労もあるでしょう。

しかし、顧客への誠意、そして新たなチャレンジといったＴＹＫのＤＮＡを継承して「オリジナリティ第一」「世界ナンバーワンの製品をめざす！」を宣言しており、また実際に新世代の新しい商品も芽を出しつつありますから、難しい時代ではありますが確かな舵取りを期待しています。

長男の伸隆社長（前列右から７人目）

全社的小集団（サークル）活動による体質改善

これはグループ企業ではありませんが、平成九（一九九七）年四月、ＴＹＫの創立五十周年の記念事業の一環として、地元の多治見市大畑町に介護老人保健施設・メモリアル光陽を開設しました。

きっかけは、創業者である父が亡くなる前の三年間ほど病院でお世話になったこともあり、何か地域福祉への貢献をしたいとの思っていた矢先に十六銀行三田村支店長から話があり、医療法人社団浩養会を創立しました。

なお、五十周年記念事業としては、ＴＹＫ絵画大賞の制定や毎年一月に開催される市民健康マラソンへの協賛や市民音楽祭のプロムナード・コンサートの開催、また元オリンピックランナーの新宅永灯至さんの講演会の開催などを実施しました。

さて、メモリアル光陽は、平成十二年に全国的にもきわめて早くＩＳＯ９００１認証を、さらに平成十五年十月にＩＳＯ１４００１認証を取得しています。よくＩＳＯ認証という話を耳にしますが、実はＴＹＫの場合は大して苦労しませんでした。と言うのも、それ以前にＴＱＣ（全社的品質管理）、そしてＴＰＭに取り組み、体質改善を果たしていたからです。

私どもがＴＱＣへの取り組みをスタートしたのは、昭和五十年代初頭。まさに第二期創業期の序盤、それまでのレンガ屋の古い体質を打破して、高級耐火物メーカーへの転換を果たそうと、もがき苦しんでいた時代です。

しかし、当初はうまくいきませんでした。誰も全社的かつ体系的に品質管理を考えたことなどありませんでしたし、そもそもＴＱＣはＱＣ（品質管理）と異なり、販売部門や間接部門への適応を狙ったものですから、製造現場の人間にとっては理論的すぎ、講師の先生の話も抽象的に感じられたものです。

私自身、ＴＱＣをやれば品質が良くなると誤解していた面もあり、現に品質に関してお客様から「ＴＱＣに依存しすぎているのではないか」と厳しい声をいただくこともありました。

ブレイクスルーとなったのは、思いきって若手社員を推進室メンバーに抜擢し、平成五年にキックオフしたＴＰＭ活動です。

メモリアル光陽

ＴＰＭ活動を全社的に展開

そもそも昭和四十二（一九六七）年に私がアメリカ留学から帰国した時、東京窯業の組織や制度は、はなはだ不備なものでした。たとえば、技能系の社員の評価にしてもほとんど勤続年数のみであり、会社への貢献度に対する評価や業績とリンクした賞与などを積極的に取り入れました。

昭和五十年代からはＱＣも導入し、現場の人たちに毎月一人三件以上の改善提案を出させたりしましたが、みんな苦痛を感じたようで、肝腎の品質もなかなか向上しませんでした。そんな調子ですので、ＴＱＣに取り組んでも、思うような効果は上がらなかったのです。

それからかなり後の平成四年になって、私はある取引先でＴＰＭ（トータル・プロダクティブ・メンテナンス＝全社的生産性維持管理）の導入事例とその効果のほどをお聞きして、早速ＴＰＭ推進室を開設し、翌年四月六日、日本プラントメンテナンス協会ＴＰＭコンサルタント石井久光氏、山崎和久氏並びに来賓立会いのもとにキックオフしました。

最初に責任者を務めてもらった白谷勇介取締役が活動を徹底してくれたおかげで、みんな大いにやる気になってくれ、一年後には若手社員を室長に大抜擢することもできました。

とくに工場の美化には熱心に取り組み、私も率先してプレス機の清掃をしたものですが、単に表面を磨くだけでなく、分解してきれいにすることでいろんな問題が分かるようになりました。何より、自分たちが使う設備機械は自分たちで整備するという意識が育まれたことは、大きな成果だったと言えるでしょう。

また、製造部門のみならず事務・営業部門でも取り組みましたが、こちらも折からのＩＴ化の推進とともに大きな成果があがりました。それまでのＴＹＫは各部門とも「仲良しクラブ」であり、競争心に欠けていましたが、ＴＰＭの推進によって解消の方向に向かっています。

私も社長診断で年間に約六十回、現場に出ました。各地の営業拠点も含めて全てを訪問しましたが、うまく取り組んでいるサークルは、明らかな変貌と成長を遂げており、一目で分かりました。

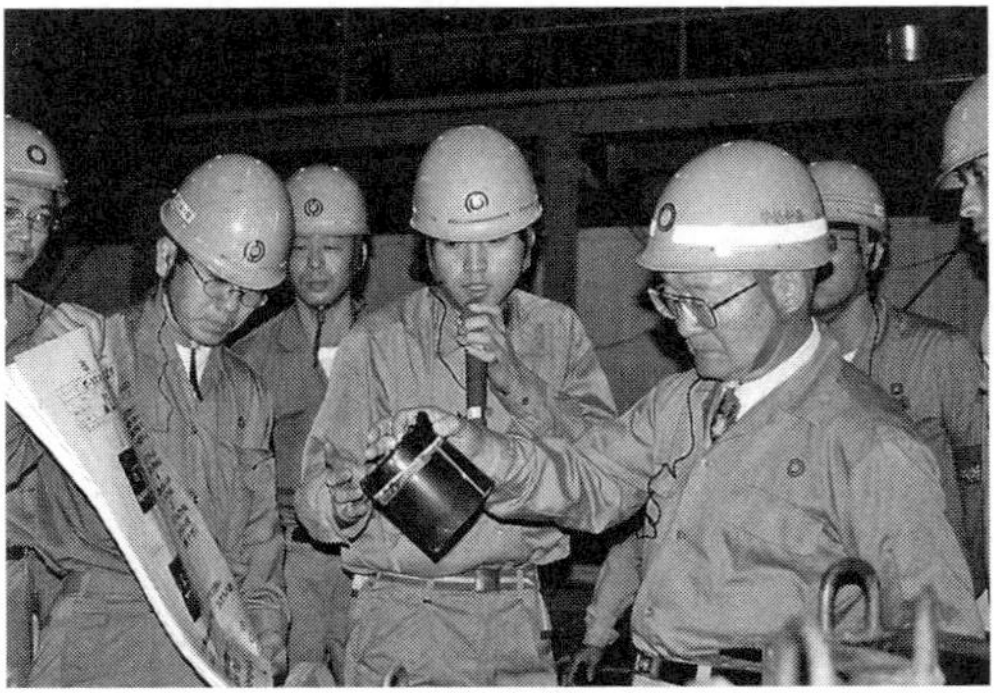

多治見製造所、製造現場での社長診断

ＴＰＭ活動により大きな成果をあげる

平成五（一九九三）年にＴＰＭをキックオフし、一丸となって取り組みましたが、中でも、いつも社長診断で九十点以上を取って社長賞を獲得するサークルがありました。

リーダーの三戸俊治君は焼成窯の担当でしたが、熱心な5S活動はもちろん、歩留まりや燃費の向上などあらゆる角度から取り組み、大幅な経費の削減と不良を劇的に減らしてくれたのです。なお、三戸君は現在、ＴＹＫ労働組合の執行委員長の任にあります。

恥ずかしながら、それまでＴＹＫの歩留まりは八七パーセント程度であり、私自身も「耐火物の製造は、自動車部品のようにはいかない」と思い込んでいました。しかし、ＴＰＭ活動により総合歩留まりは九七パーセントを超えるまでになったのです。

さらに引き続きグループ各社でもＴＰＭを導入した結果、ＴＹＫ以上の成果を挙げた会社もあり、中でも水野セラミックスは歩留まりも実に九九・九七パーセントに達しました。

さらに営業部門や間接部門でも活動しており、たとえば経理では、それまで十七〜八日を要していた月次決算が月末締めの翌日二営業日後に出るようになりましたから、これは革新的な進歩と言えるでしょう。また営業部門では、お客様とのセールストークの時間を最大限にするにはどうするか、サプライ・チェーン・マネージメントをＩＴにより推進して、大きな効果を出しました。

ＴＰＭのような活動は、継続することが大切であり、なかなかできないことです。ＴＹＫのモノづくりの技能も含めて若い世代に継承してもらうためにトレーニングルームも設け、若手の基礎研修の場としています。

また、次代へと継承すべき優れた技を有するベテランをマイスターと認定して、「匠」の称号を贈る制度も創設。山田巌君がその第一号として、後継者の育成に当たっています。

また、ＴＰＭの導入と成功は、ＩＳＯ認証の取得にも大いに役立ちました。ＴＰＭへの取り組みを通して体質改善と意識改革を果たしたＴＹＫですから、ＩＳＯの継続審査でもとくに苦労することはありませんでした。

営業本部、多治見営業課での社長診断

創業者精神の継承

ＴＰＭをキックオフして成果を上げ始めていた平成五（一九九三）年十二月十八日、大きな悲しみに見舞われました。創業者である父、牛込幸一が、この世を去ったのです。

父は、若い頃は肉体労働にも従事した頑強な身体の持ち主でしたが、六十代はじめ頃から持病の糖尿病が悪化。すでに、ＴＹＫの第二創業期である昭和四十年代半ば以降は実質的に私が経営の舵を取り、高級耐火物メーカーへの転換を進めてきました。

それでも、身体が動くうちは営業の現場に出ており、平成元年の傘寿の祝賀会には母とともに元気な姿を見せ、壇上での挨拶に立ったものです。ちなみに、傘寿を記念しての胸像の建立に際しては、千人を超えるＴＹＫグループの全社員から二百八十万円余の心温まる協賛金が寄せられました。

しかし、亡くなる三年ほど前から入退院を繰り返し、ついに腎不全のため永い眠りについたのです。享年八十五歳。法名は泰徳院孝誠一道居士。誠に悲しみの極みでした。ＴＹＫおよびグループ各社、そして多治見商工会議所による合同葬は、翌平成六年一月二十四日午後一時から、多治見商工会議所の坂﨑重雄会頭が葬儀委員長となり、約二千人の参列のもと、多治見市総合体育館（現感謝と挑戦のＴＹＫ体育館）にてしめやかな中にも荘厳に営まれました。

父の創業者精神、すなわちＴＹＫのＤＮＡの根幹を改めて示すと、次のようになるでしょう。

・常にお客様に接し、お客様第一に徹する。
・常に先を考えて、次の手を打つ。

・行動は積極果敢、迅速である。
・虚飾を廃し、真の実力を追求する。
・勤倹節約に徹する。
・創意工夫を旨とする。
・未知の分野に挑む、旺盛な冒険心と意欲を持つ。
・全社員と心の通う家族主義の風土を培う。

これらは、今後もＴＹＫのＤＮＡとして、いつまでも次代へと受け継がれなくてはなりません。とくに経営環境の変化が著しい二十一世紀こそ創業者精神を継承し、発展続けていくことを心より願っています。

創業者、牛込幸一の合同葬

事業承継の難しさ

事業承継は企業の継続発展にとって最も重要で難しいことであります。中国『唐書―房玄齢伝』に「創業は易《やす》く、守成は難《かた》し」とあります。

長年務めさせて頂いた岐阜県工業会や経営者協会の仕事を通して、事業承継の在り方について私なりの考え方が出来上がりました。

まず事業承継がとてつもなく重要であることを認識し、早くからその準備をする必要があります。

変化の激しい今の時代、力のある社長でないと務まらない時代がきております。その意味で本当の意味の実力をつける必要があります。実力とは知識ではありません。ちょうど将棋や囲碁で強くなる為にいろいろな階層の人と対局し、痛い目に遭いながら強くなっていくのと同様であります。それには失敗を恐れないチャレンジ精神が不可欠であります。私は大企業でも幹部候補生を三十歳前半にほぼ決定し、競わせることが必要であると考えます。

今の日本企業は、概ねある部門で昇格をすすめ、取締役会に入って初めて全般のことを勉強するという流れになります。ところが取締役会での勉強はあくまでも知識であり、知恵ではありません。幹部候補生は力をつける為に計画的にいろいろの部門を経験し、また第一線に立って修羅場をくぐり抜けていかなくてはいけません。

社長に就任するのもできるだけ早い方がよいと考えます。私は一人前の社長になるには、少なくとも十年はかかると思っています。その間に失敗を何度も経験し、それを乗り越えることによって真の力をつけていくのであります。

ファミリーカンパニーですと、ある時期が来て社長が息子に「やってくれ」と禅譲することになりますが、それでは自分よりも年長者の幹部の中でなかなか自分の思う通りには事をすすめていくことはできません。承継する側がある程度新しい道を切り開いておく必要があります。

また、一番大切な経営哲学、企業風土といったものは全面に出して、大切にしなくてはなりません。それには、自分の考えを本に残すなり、「Ｍｙ Ｗａｙ館」を建設して研修の場としたり、あるいは標語等に残すことによって、社員全員に徹底することが必要であります。

房玄齢

ＴＹＫ役員懇談会

ＴＹＫの社是、品質憲法について

一番大切な経営哲学、企業風土を前面に出すために、本に残すなり、標語等に残すことによって社員全員に徹底することが必要であることは、当然のことながら国内ばかりでなく、海外でも全く同じであります。企業哲学を明確に残すということが極めて重要である、ということを認識しなくてはなりません。

当社の場合、私は事ある毎に経営哲学に触れますし、いろいろな面で書面に残しております。

まず、社是は「仕事を通じて世界に喜びと感謝の輪を広げる」でありますが、信念として「独創的技術による新しい価値創造を通じて人類社会の発展に貢献していく」というものがあります。

そのほかにも、「経営基本方針」、「営業基本方針」、「管理本部基本方針」、「購買基本方針」、「技術基本方針」等を作っております。
「品質憲法」なるものも制定しました。一部をご紹介します。
第一条　原料は品質の最重要要素、入念な原料検査が大切。
第二条　お客様は開発の源であり、そのニーズ、ウォンツを的確に反映した品質を造り込む。
第三条　お客様に満足・感動して頂ける最高の品質、価格、サービスを提供し続ける。
第四条　独創的製品を継続して開発する。
第六条　ＴＰＯにかなった設備を常に探求し、投資する勇気を持つ。
第七条　技術・技能の教育・躾は教育体系をもとに、年間スケジュールに基づき粛々と行なう。
第八条　苦情は神様の啓示である。お客様の信頼を勝ち取り、迅速、謙虚、

前向き かつ 徹底的に対応する。

第十三条　新製品の開発や困難に立ち向かう時、チームワークをもって当たる。

第十八条　大きな視点を持て。セクショナリズムの壁を打破し、得点主義に徹する。

品質方針「私達は人間尊重をもとに、たえまない革新を通じお客様に満足していただける、最高の品質と価格とサービスを提供し続けます」

環境方針「株式会社ＴＹＫは地球環境を保全することによって、人類社会が永続的に発展することに貢献します」

社風について、一言でいえば「勤勉で誠実で感謝の念を忘れないこと」であります。

お花見（赤坂工場にて）

首都機能の一部誘致に力を入れる

仕事で国内外を飛び回っていたこともあり、生来人見知りする方で、公職に就くのを長い間避けておりました。ところが、多治見商工会議所の会頭で、前畑陶器（現前畑）の会長であられた坂﨑重雄（多治見市名誉市民）さんの勧めで、平成四年（一九九二）年五月、五十六歳の時に岐阜県経営者協会東濃支部長に就任致しました。

それを契機に、実にさまざまな公職の依頼をいただくようになりました。平成十六年十一月より、坂﨑さんの後を受けて多治見商工会議所の会頭に就任致しました。坂﨑さんには色々な面でご指導賜りありがたく思っておりましたが、残念ながら平成二十七年三月五日に忽然とご逝去されました。

多治見商工会議所では、リニア中央新幹線が二〇二七年に開通するにあたり、豊田商工会議所も含めた四十四商工会議所・商工会に参加して頂き、地域の活性化協議会を組織しまして、それに力を入れております。

ＪＲ東海が自己負担で建設されるのは大変な勇気と決断だと思います。国を思う気持ちから出ているものであり、心から敬意を表したいと思います。これに呼応して首都機能の一部移転あるいはバックアップ機能を誘致する事に最大の力点をおいております。

東京が大震災を受けた時の事を考えますと、是非にでも分散化しなくてはなりません。幸いにして当地域は花崗岩地帯で地盤がしっかりしており、自然に恵まれ、豊富な水があります。

この地方は焼き物の産地であります。全国の陶磁器生産量の五割以上がこの地域で作られていることはあまり知られていません。良質な粘土に恵まれているのと勤勉な風土、日本の中心地であること等が自然に生産が増えてきたものと考えられます。

また、西浦焼の発祥の地であります。明治時代に釉下彩《ゆうかさい》という技法（釉薬の下に絵付けする方法）を開発し、パリ万博に出展したり、米国に輸出するなど進取の精神に富んでいました。

文化遺産、歴史、食文化に恵まれた、情緒に満ちた潤いのある生活がおくれる数少ない場所だと考えております。私の最後のお務めとして、全力を尽くしたいと思っています。

リニア中央新幹線（ＪＲ東海資料より）

リニア中央新幹線ルート概念図（リニア中央新幹線促進期成同盟会資料より）

美しい国、日本

日本は美しい国です。恵まれた自然環境は、たとえば緯度の高いドイツの厳しい自然と比較すれば至れり尽くせり。単に温暖なだけでなく四季があるのは有難いですし、名水にも恵まれています。

何より、変化に富んだ風景は素晴らしく、これだけ国土の狭い国で、これほど多様な自然環境をもつ国は他にないでしょう。私も世界中を飛び回りましたが、日本ほど良い国はないと断言できます。

また、日本は歴史的に衛生環境に優れた国でもあります。たとえば、近世のヨーロッパでは都市の衛生が劣悪だったので、江戸時代に日本を訪れた宣教師たちは「日本の都市は非常にきれいだ」と一様にひどく驚いています。彼らから見れば当時の日本は後進国ですから、温厚で勤勉な国民性とともにその驚きは一入だったでしょう。

美しい自然、優しい人々、持ち場持ち場で懸命に努力している日本人。涙がでるほど嬉しく思います。

しかし今、環境面でも人心面でも、日本は美しさを失いつつあり、この国を良くする努力が必要であることは誰もが承知しているはずなのに、政府には確たる方向性がなく、また国民の多くもそんな行政に対する憤りを顕《あらわ》にすることがないのはたいへん残念です。

税金のムダ遣いなどはその最たるものでしょう。そもそも日本の税制は、戦争復興の必要から高く設定した税率を引きずってきましたから、かつて高度成長期に予算があり余った名残りか未だにムダ遣いが多く、節約の努力もありません。

とくに国や自治体の外郭団体などムダとしか言いようのない数があり、それらが天下り先どころか、年金問題のような不祥事の隠れ蓑となっているのですから言語道断です。

憂国という言葉は今時流行らないでしょうが、私は今こそ若い人たちに日本を憂う気持ちをもっていただき、とくに次代を担う人材の育成に国を挙げて取り組んでいただきたいと強く願います。

資源小国・日本の資源は、人材しかありません。優れた人材とは自然に生まれるものでなく、積極的に創るもの。私も微力ながら人材育成に取り組んできましたが、それは今後のＴＹＫでも継承されるものと期待します。

馬瀬川での鮎の友釣

一度しかない人生を大切に

アメリカの大統領バラク・オバマ氏は、私がビジネススクールに留学したコロンビア大学のＯＢですが、私の元にも大学から同氏の詳しいプロフィールが送られてきました。

日本ではあまり知られていないようですが、オバマさんは後ろ盾どころかほとんど身よりもなく、悲惨な境遇の中から自らの努力でのし上がってきた人物であり、数奇な人生と言えるでしょう。我々日本人の感覚からすると、よくぞ大統領になれたものと思いますが、実際、アメリカの実力主義社会だからと言うより、神が拾い上げたような人物としか思えません。

人の優劣や人生の成否は「生まれ」で決まるものではありません。そして、およそ企業にとって人材の育成は事業の一環ですから、そのための環境づくりが重要であり、安易な道を選ぶことなく困難にチャレンジしていかなくてはならないのです。

ＴＹＫが今日あるのも、決して最初から優秀な人材がそろっていたからではありません。約五十年前の第二期創業期以降つねに新技術を開発し続け、また広く世界を相手に揉まれることで成長を遂げてきたのです。

もちろん個々人の側にも、一人一人が好奇心と向上心をもって自分自身を高めていく気概が必要であることは言うまでもありません。人生は一度きりなのです。一度しかない、他ならぬ貴方自身の人生だからこそ真剣に大切にしていただきたいし、単なる知識やスキルの獲得にとどまらず、人間としてのレベル、器を高めていただきたいと願います。

仕事を通じて世界に喜びと感謝の輪を広げる。

このＴＹＫの社是には、海外に駐在した場合、日本人にありがちな仕事に関係した人々との付き合いにとどまることなく、地域の人との交流を心掛けなくてはなりません。地域の催しものには進んで参加することです。日本の文化を知ってもらうことにより、日本に対する応援団を増やすことです。また、海外の出張に出掛けたらただ単に仕事をして帰ってくるのでなく、訪れた国や地方の人々や文化、歴史と積極的にふれあってほしいとの願いも込められているのです。

日本のコロンビア大ＯＢと。前列中央はオムロンの立石信雄会長

原点を忘れない

私も八十歳になり、傘寿を迎えました。いろいろな方から健康の秘訣を尋ねられるようになりました。自分で考えてみますと、秘訣と言うほどではありませんが、心がけたり、実践していることはいくつかあります。

たとえば、私は毎年夏休みに登山をしており、八月は楽しい月です。しかし登山云々より、人間、仕事だけでなく遊びも大切であり、年をとったからと枯木になってはいけません。前に好奇心のお話をしましたが、好奇心とは物事に感動したいと思う気持ちであり、旺盛な人ほど健康であると確信します。

また、物事は楽天的に考え、くよくよしないことも重要です。私は生来の楽天家で、夜、眠れなくて困った経験はありません。そもそも、帰宅したら仕事のことは一切、考えません。技術的なことを頭の片隅で考えることは時々ありますが、経営のことは考えないようにしています。

私の好きな言葉に「人事を尽くして天命を待つ」がありますが、景気が悪いからと悩んでも仕方ありませんし、平素から将来を見すえて努力を続けていれば、難局も何とか乗り切ることができるものです。

さらに言えば、成功者の条件の一つである「正義」は人が健康に生きる上でも重要であり、一度きりの人生だからこそ潔く生きたいものです。いくら仕事とは言え、お客様に対して卑屈になる必要はありません。つねに感謝の念を持って、誠実に努力を重ねながら堂々と正道を歩んでいきたいと願っています。

何より、人も企業も健全であるためには自らを成長させようと願う気持ちが不可欠です。川の水を澱《よど》ませないためには川幅を広げなくてはならないように、人も自らの幅を広げる努力が大切です。そして、人を育てるという意味でも、企業も大きくならなくてはなりません。

ＴＹＫもまだまだ小さな存在ですから、ぜひとも大きく成長してもらいたい。そして大きくなっても「原点」を忘れないでいてもらいたいと願います。ここまでお話ししてきた、勇気をもって困難に立ち向かう挑戦の歴史。これぞまさにＴＹＫの最大の伝統であり、ＤＮＡなのです。

多治見の研鑽会「浩養会」の皆さんと

あとがき

時が経つのは早いもので、いつの間にか八十の峠を越えることになりました。人生を振り返ってみますと、後で悔やむことばかりでありまして、指針になるようなものがあればいいいなぁと思っておりました。今回、中部経済新聞社からのお声掛りで、「マイウェイ」執筆をお引き受けさせて頂くにあたり、そのような気持ちで挑戦してみました。

八十にもなりますと、多くの方々の一生涯そのものを見ることができました。羅針盤のない船のようで、船がすすむままに身を任せるのが通常であります。

それによって、思いもかけない進展があり、人生をおもしろくしています。

ただ成功したと言われる人々の生涯を見ますと、どんな場面でも一生懸命、真摯な気持ちであたっておられます。その意味において、人生を真面目に、誠実に、不断の努力で歩むことが大切だと思われます。

言うまでもなく、人生はヒトから与えられるものではなく、自分で切り開いていくものであります。一度しかない人生を後で振り返った時に良かったなと納得できる人生にしたいものであります。

人生を歩む上において大切なことは、すべてのことに感謝の気持ちを持ち、縁を大切にすることだと思います。あらゆる宗教は、そこに根ざしているものと思われます。

人間は、一人では生きていけません。人間社会の中で大勢の方々にお世話になりながら生きているのであります。自分で生きるという気持ちではなく、生かされているという気持ちの方が大切ではないかと思います。そのような意味でこの拙著が少しでもお役にたてれば幸甚であります。

平成二十八年二月吉日

筆　者

＊本書は中部経済新聞に平成二十七年三月五日から同年五月六日まで五十四回にわたって連載された『マイウェイ』を改題し、新書化にあたり加筆修正しました。

牛込 進（うしごめ すすむ）

1958年（昭和33年）名古屋工業大学窯業工学科卒、東京窯業（現ＴＹＫ）入社。67年米国コロンビア大学大学院修了、ＭＢＡ取得。ＴＹＫ取締役、専務、社長を経て、2005年から現職。岐阜県経営者協会会長、岐阜県工業会会長を歴任。多治見商工会議所会頭はじめ公職多数。多治見市出身。

中経マイウェイ新書　027

人生《じんせい》はおもしろい

2016年2月5日　初版第1刷発行

・

著者　牛込《うしごめ》 進《すすむ》

発行者　永井 征平　発行所　中部経済新聞社

名古屋市中村区名駅4-4-10　〒450-8561
電話　052-561-5675（事業部）

印刷所　モリモト印刷株式会社　製本所　株式会社三森製本

ISBN978-4-88520-195-0